Ploetz – Taschenbücher zum Zeitgeschehen

Band 1

Zu diesem Buch:

Bürgerinitiativen sind eine Zeiterscheinung. Ihre Zahl hat in den letzten Jahren explosionsartig zugenommen. Läßt dieses Phänomen auch ganz allgemein auf eine gewisse Entfremdung zwischen Bürgern und den Entscheidungsträgern des Staates, insbesondere den Parteien, schließen, so verbietet die Vielfalt der Initiativen und die Unterschiede in ihrer sozialen Herkunft, in ihren Zielen, Methoden, Organisationsformen und Handlungsebenen doch eine einheitliche Erklärung.

Der Verfasser stellt eine Reihe bemerkenswerter Thesen auf, die einer Wesensbestimmung näher kommen, und analysiert dazu einige markante Beispiele mit dem Ziel einer gewissen Typologie. Angesichts der Konfliktsituation, in die eine Gruppe mit dem Versuch einer unmittelbaren Beteiligung am demokratischen Entscheidungsprozeß unausweichlich gerät, stellt sich die Frage nach ihrer demokratischen Legitimation. Sind Bürgerinitiativen notwendig oder gefährlich? Es ist zugleich die Frage nach dem Wesen der Demokratie, nach ihrer weiteren Entwicklung, nach den Grenzen des repräsentativen Systems und den Möglichkeiten seiner plebiszitären Ergänzung, die der Verfasser damit aufgreift.

Anton Pelinka

Bürgerinitiativen – gefährlich oder notwendig?

Verlag Ploetz Freiburg · Würzburg

Alle Rechte vorbehalten – Printed in Germany
© Verlag Ploetz GmbH & Co. KG Freiburg/Würzburg 1978
Freiburger Graphische Betriebe 1978
ISBN 3-87640-171-2

Vorwort

Bürgerinitiativen sind eine Modeerscheinung. Als solche werden sie auch beurteilt – bald als die große Hoffnung unserer Demokratie, bald als ihre entscheidende Gefährdung. Dieses Buch will Bürgerinitiativen jenseits solcher Vereinfachungen darstellen, jenseits der häufigen Schwarzweißmalereien. Es versucht eine differenzierte Sicht der Probleme der Demokratie von heute am Beispiel der Initiativen.

Dieses Buch beansprucht zweierlei: *erstens*, politikwissenschaftlich gesicherte Aussagen zu machen; alles, was hier ausgeführt ist, ist belegt; *zweitens*, diese gesicherten Aussagen so zu formulieren, daß sie nicht nur einem Fachpublikum zugänglich sind, daß sie vielmehr alle Leser ansprechen, die an politischen Problemen interessiert sind. Es ist der Versuch, Politikwissenschaft ohne Fachjargon zu betreiben, Politikwissenschaft allgemeinverständlich zu machen.

Innsbruck, im November 1977 *Anton Pelinka*

Inhalt

1. Bürgerinitiativen als Zeiterscheinung 7
1.1. Formen der Bürgerbeteiligung 9
1.2. Strategie und Taktik von Bürgerinitiativen . . 16
1.3. Regionale und inhaltliche Schwerpunkte von Bürgerinitiativen 27
1.4. Versuche einer Erklärung des Phänomens Bürgerinitiative 34
2. Typologie von Bürgerinitiativen 44
2.1. Aktive und reaktive Bürgerinitiativen 46
2.2. Lokale und überlokale Bürgerinitiativen . . . 51
2.3. Gesellschaftsverändernde und gesellschaftsbewahrende Bürgerinitiativen 58
2.4. Masseninitiativen und Honoratioreninitiativen 64
3. Bürgerinitiativen und Demokratie 71
3.1. Die (scheinbar) unbeschränkte Vorherrschaft der repräsentativen Demokratie 72
3.2. Bürgerinitiativen als plebiszitäre Ergänzung der repräsentativen Demokratie 79
3.3. Bürgerinitiativen als plebiszitäre Alternative zur repräsentativen Demokratie 84
4. Legitimitätsprobleme von Bürgerinitiativen . 92
4.1. Soziale Schichtung von Bürgerinitiativen . . . 94
4.2. Lokale und überlokale Orientierung 101
4.3. Bürgerinitiativen und Fernsteuerung 107
5. Bürgerinitiativen als Politisierung oder Entpolitisierung des Alltags 114
6. Bürgerinitiativen zwischen Alibifunktion und Utopieverdacht 120
Literatur 125

1. Bürgerinitiativen als Zeiterscheinung

Es begann in den Jahren der Studentenbewegung. In den USA, in West- und Mitteleuropa, in Japan organisierten sich die Bürger. Zunächst eher jüngere als ältere, zunächst eher besonders kritische als besonders konservative Bürger; in Europa und in Japan ein ziemlich neues Phänomen, in den USA stärker in der Tradition einer sich gerade in der kleinen Einheit weitgehend selbstverwaltenden Gesellschaft.

Bürgerinitiativen schossen aus dem Boden. Gefeiert und gleichzeitig gefürchtet als Alternative zur bestehenden politischen Ordnung; verdächtigt und gleichzeitig gelobt als zusätzliche Stütze eben dieser bestehenden, politischen Ordnung. Unterschiedlich bewertet, läßt sich für die Bürgerinitiativen eines behaupten: *sie wurden sehr aufmerksam beobachtet, sehr genau verfolgt.*

Das Problem war und ist freilich, daß die Bürgerinitiativen nur so wenig in die übliche, bis dahin bekannte politische Landschaft passen. Definitionen und Merkmale dessen, was Bürgerinitiativen ausmacht, lassen sich noch eher finden. Schwierig ist, wie man diese Erscheinungen in das System einer repräsentativen, parteienstaatlichen Demokratie einordnen soll.

Folgende Kriterien für Bürgerinitiativen können ausgemacht werden (Ebert, Bermbach):

- Autonome Selbstorganisation der Bürger; Bürgerinitiativen werden nicht von oben befohlen, sie entstehen von unten.
- Sachliche, zeitliche, räumliche und soziale Begrenzung; Bürgerinitiativen sind nicht Parteien mit einem grundsätzlich unbeschränktem Geltungsanspruch, sondern Verbände mit grundsätzlich punktueller Aufgabenstellung.
- Antwort auf Leistungsdefizite der politisch zuständigen Organe; Bürgerinitiativen entstehen, weil das Verhalten

von Parteien, Verbänden, Parlamenten und Verwaltung als unzureichend empfunden wird.
- Beteiligung am Willensbildungs- und Entscheidungsprozeß; Bürgerinitiativen wollen nicht bloß Bewußtsein bilden, sondern auch und vor allem Entscheidungen beeinflussen.
- Basis – demokratischer Anspruch; Bürgerinitiativen sind dem Wert der Demokratie verpflichtet und sollen die unmittelbare Entscheidung der Betroffenen sicherstellen.

Nach diesen Merkmalen von Bürgerinitiativen sind sie eine Antithese zu wesentlichen Merkmalen der bestehenden politischen Ordnung. Bürgerinitiativen sind, nach diesem theoretischen Anspruch, Weiterentwicklung und Gegenstück zum Parlamentarismus zugleich:
- Die herrschende demokratische Ordnung ist ein Repräsentativsystem, in dem Volksvertreter im Namen des Volkes und für das Volk entscheiden; Bürgerinitiativen wollen *direkte Demokratie* sein, die das Volk selbst entscheiden lassen.
- Die herrschende demokratische Ordnung ist ein Parteienstaat, in dem die zu Parteien gebündelten Interessen gegeneinander um die Stimmen des Volkes kämpfen; Bürgerinitiativen wollen *konkurrenzfreie Demokratie* sein, in der das Volk möglichst homogen seine Interessen zur Geltung bringt.
- Die herrschende demokratische Ordnung ist ein Verbändestaat, in dem verschiedene, vor allem wirtschaftliche, organisierte Interessen durch die Ausübung von Druck auf die Entscheidungsträger Einfluß nehmen; Bürgerinitiativen wollen *organisationsfreie Demokratie* sein, in der der einzelne Bürger ohne Einbindung in vorgegebene Interessenstrukturen mitspricht.
- Die herrschende demokratische Ordnung ist eine politische Planung, die verschiedene Methoden bestimmten Zielen systematisch zuordnet; Bürgerinitiativen wollen *spontane Demokratie* sein, die eine vorgegebene Rangfolge von Zielen und Mitteln überwindet.

– Die herrschende demokratische Ordnung ist ein zentralisiertes System, in dem ein vom Bürger weit entfernter Staat die letzten Entscheidungen trifft; Bürgerinitiativen wollen *überschaubare Demokratie* sein, die der kleinen Einheit (Gemeinde, Betrieb, Schule, Universität, Stadtteil) wesentliche Entscheidungskompetenzen einräumt.

Soweit der theoretische Anspruch, der auch die Aufbruchsstimmung kennzeichnet, mit der in den späten sechziger und frühen siebziger Jahren Demokratiereform und Demokratisierung betrieben wurden. Die Demokratie stand außer Streit; gleichzeitig wurden die bestehenden Verhältnisse als unzureichend demokratisch aufgefaßt. Bürgerinitiativen galten und gelten als Instrument, den demokratischen Anspruch und die politische Wirklichkeit stärker in Einklang zu bringen.

Daß ein erster Abschnitt dieser Aufbruchsstimmung und eine erste Entwicklungsphase von Bürgerinitiativen nicht allen diesen demokratischen und optimistischen Ansprüchen gerecht werden kann, muß den radikaldemokratischen Erwartungen entgegengehalten werden. Daß Bürgerinitiativen aber sehr wohl teilweise und manchmal Demokratie verbessern können, ist ebenso festzustellen.

Bürgerinitiativen sind weder ein Allheilmittel noch eine Gefährdung der Demokratie. Sie sind eine Chance, politische Verhältnisse ein Stück demokratischer zu gestalten. Bürgerinitiativen sind eine Erscheinung unserer Zeit. Und sie sind eine schillernde Erscheinung. Sie können nicht einfach vorweg mit positiven oder mit negativen Bewertungen versehen werden. Wir wollen sie näher analysieren.

1.1 Formen der Bürgerbeteiligung

Daß die Demokratie die Beteiligung des Bürgers braucht, um Demokratie zu sein, ist unbestritten. Wie diese Beteiligung jedoch aussehen soll und aussehen kann, das ist Gegenstand theoretischer und praktischer Auseinandersetzungen. Am Beginn aller Vorstellungen von Demokratie stand nicht das Modell des Parlamentarismus, auch nicht das Modell parteienstaatlicher Konkurrenz. Ausgangspunkt aller Vorstellungen vom Wesen und Wert der Demokratie ist die Annahme, daß der einzelne Bürger sein Geschick selbst in die Hand nehmen soll; daß Demokratie die Summe aller Formen der Bürgerbeteiligung ist.

Im letzten Viertel des 20. Jahrhunderts hat die Demokratie als Worthülse, als allgemein formulierter Anspruch sich universell durchgesetzt. Der Preis für diesen weltweiten Siegeszug der Demokratie ist die Formelhaftigkeit des demokratischen Prinzips, ist insbesondere die Unschärfe der demokratisch notwendigen Bürgerbeteiligung. Welche Formen der Teilnahme des einzelnen Bürgers notwendig zur Demokratie gehören, welche Formen der Teilnahme ebenso notwendig auszuschließen sind, das wird in „liberalen" Demokratien des Westens ganz anders beantwortet als in „sozialistischen" Demokratien des Ostens; dieses Problem findet in der Eidgenossenschaft der Schweiz andere Lösungen als im parlamentarischen System Großbritanniens; daraus zieht das Rätesystem vollkommen andere Schlußfolgerungen als der Parlamentarismus.

In einer politischen und ökonomischen Umwelt, die durch Parlamentarismus, Mehrparteiensystem und sozialstaatlich gebremste Marktwirtschaft gekennzeichnet ist, findet sich eine Fülle von Möglichkeiten der Teilnahme am politischen Geschehen. Nach einer von Thomas Ellwein vorgenommenen Auflistung der Möglichkeiten der Teilnahme in einer so strukturierten politischen Landschaft können drei Ebenen der Bürgerbeteiligung unterschieden werden:

– *Bemühen um eigene Urteile.* Dazu ist die politische Bildung einschließlich der selbständig vorgenommenen politischen Information zu zählen; die politische Sozialisation im weitesten Sinn ist die Chance, die diese Ebene eröffnet, um politisches Wissen zu schaffen, auf dem politisches Handeln aufbauen soll.
– *Teilnahme an der politischen Willensbildung.* Das Han-

deln in Form des Mitredens und des Mitentscheidens in den verschiedensten Teilbereichen, auf den verschiedensten Stufen politischer Hierarchie ist Bürgerbeteiligung im engsten Sinn.
– *Kontrolle des Vollzugs politischer Entscheidungen.* Der durch verschiedenste Formen der Bürgerbeteiligung mitbeeinflußte politische Entscheidungsprozeß kann und soll vom Bürger aufmerksam, kritisch beobachtet werden; die dabei gemachten Erfahrungen beeinflussen seinen Informationsstand, sein Wissen und führen zur ersten der drei Teilnahmeebenen zurück.

Die Bürgerbeteiligung im engeren Sinn – als Teilnahme an der politischen Willensbildung – findet in den liberalen Demokratien verschiedene Einrichtungen vor, die zur Organisation der Beteiligung der Bürger konzipiert sind. Dazu zählen die Parteien und die Verbände. Beide Organisationsformen dienen der Artikulation und der Kanalisierung der Interessen; sie sind Instrumente, die Teilnahme des einzelnen Bürgers an der Politik in geregelte Bahnen zu lenken.

Parteien sind ihrem Wesen nach Einrichtungen, die durch Beteiligung an Wahlen die Legitimation zur Ausübung staatlicher Macht in den Verfassungsorganen (Parlamente, Regierungen) erhalten wollen. Dadurch bieten sie dem Bürger drei Beteiligungsmöglichkeiten: die Beteiligung als Wähler, die Beteiligung als Mitglied, die Beteiligung als Funktionär.

Verbände sind Organisationen, die – anders als die Parteien – keine Legitimation zur direkten Ausübung staatlicher Macht suchen, sondern eine indirekte Einflußnahme anstreben. Deshalb bieten die Verbände den Bürgern nicht die Ebene des Wählers, jedoch die Ebene des Mitglieds und die Ebene des Funktionärs. Wirtschaftliche Verbände (z. B. Gewerkschaften oder Arbeitgeberverbände) und ideelle Verbände (z. B. kirchliche Organisationen) bieten, gleichsam als Ersatz für die fehlende Dimension des Wählens, dem an der Teilnahme interessierten Bürger eine besondere

Fülle von Beteiligungsmöglichkeiten, von der kulturellen Aktivität über die soziale bis zur außenpolitischen.

Diese Formen der Beteiligung lassen sich in einem politischen System relativ leicht messen. So ist die Beteiligung der Bürger an Parlamentswahlen ein Indikator, der genau registriert wird, dessen Bedeutung jedoch umstritten ist. Neigen europäische Interpreten eher dazu, eine hohe Wahlbeteiligung als Ausdruck einer weitentwickelten politischen Reife und damit als günstig für die Demokratie einzustufen, so neigen amerikanische Interpreten oft zum Gegenteil. Verweisen die europäischen Beobachter auf die Gefahr politischer Gleichgültigkeit, die hinter geringer Wahlbeteiligung steht, so sehen die amerikanischen Beobachter in einer hohen Wahlbeteiligung die Gefahr einer Radikalisierung und sprengenden Polarisierung.

Dieses Dilemma, eine an sich so einfache und klare und selbstverständliche Beteiligungsform wie das Wählen nicht ebenso eindeutig und klar und selbstverständlich einordnen zu können, kann als Beispiel für die Schwierigkeiten der Einstufung der Bürgerbeteiligung schlechthin angesehen werden. Denn die Meinung, daß Bürgerbeteiligung grundsätzlich demokratisch gut ist, läßt die Frage unbeantwortet, welche Beteiligung welcher Bürger in welchen Bereichen und mit welcher Intensität möglich und wünschenswert ist. So weisen Kritiker einer Beteiligungseuphorie darauf hin, daß die Beteiligung der Bürger an den Wahlurnen, in den Parteigliederungen, in den Verbandsbereichen auch bloße Alibifunktion haben könnte. Diese Kritiker meinen, daß das geschäftige Wählen, die aktive Parteiarbeit, der engagierte Einsatz in Verbänden Beruhigungstherapie sein könnten: die Bürger werden, mit dem Hinweis auf die Demokratie, in unwichtigen Bereichen beschäftigt; damit sie nicht sehen, daß die tatsächlich wichtigen Bereiche, in denen die tatsächliche Macht ausgeübt wird, dieser Beteiligung, dieser Mitbestimmung entzogen sind.

In diesem Dilemma sind auch Bürgerinitiativen. Sie können als Verlebendigung der Demokratie ebenso betrachtet werden wie als bloße Alibi-Geste, die das Fortbestehen der Herrschaft einiger weniger vernebeln soll. Wie alle Formen der Bürgerbeteiligung wird auch die Form der Bürgerinitiative von einem Teil der Beobachter als konkrete Verbesserung der Demokratie eingestuft, von einem anderen Teil als Mittel zur Verschleierung undemokratischer oder halbdemokratischer Zustände.

Das hier aufgezeigte Dilemma aller Einrichtungen der Bürgerbeteiligung ist die Folge des Spannungsverhältnisses von direkter und indirekter Demokratie. Alle Formen aktueller Demokratie gehen von einem Mischverhältnis der Elemente der direkten und der Elemente der indirekten Demokratie aus. Die direkte Demokratie ist notwendig, weil nur sie garantieren kann, daß eine demokratisch genannte Herrschaft auch an das Volk gebunden ist. Die indirekte Demokratie ist notwendig, weil eine unmittelbare und ausschließliche, direkte Herrschaft des Volkes undurchführbar ist. Geht die direkte Demokratie vom Wortverständnis aus – Demokratie als Volksherrschaft –, so betont die indirekte Demokratie die Herrschaft der Volksvertretung. (Vgl. Tabelle 1.)

Tabelle 1: Direkte und indirekte Demokratie

	direkte Demokratie	indirekte Demokratie
Selbstverständnis	Herrschaft des Volkes	Herrschaft der Volksvertretung
traditionelle Instrumente	Wahl, Plebiszite, Initiativen	Parlamente, Regierungen
aktuelle Instrumente	Demoskopie, Bürgerinitiativen	Parteien, Verbände
Gefahr der Denaturierung	plebiszitäre Diktatur (Caesarismus, Bonapartismus)	oligarchische Diktatur (Bürokratismus, „Neue Klasse")

Ein Zuviel an direkter Demokratie bedeutet die Gefahr des Umschlagens in eine scheindemokratische Diktatur; das historische Muster dieses Vorganges ist mit den Namen Julius Caesar und Louis Bonaparte (Napoleon III.) verbunden. Ein Zuviel an indirekter Demokratie bedeutet die Gefahr eines Erstarrens der Einrichtungen der Volksvertretung, ihre allmähliche Umwandlung in nur mehr formell dem Volk verantwortliche Herrschaft; die Möglichkeit einer politisch nicht mehr wirklich verantwortlichen Bürokratie oder auch die Entwicklung eines an sich demokratisch gedachten Parteiensystems zu einer oligarchischen „Neuen Klasse" sind konkrete Ausformungen dieser Gefährdung der Demokratie.

Bürgerinitiativen sind Möglichkeiten der Bürgerbeteiligung im Bereich der direkten Demokratie, Möglichkeiten, die im traditionellen Gefüge demokratischer Verfassungssysteme nicht oder kaum vorgesehen sind. Bürgerinitiativen können, zur Aufrechterhaltung der Balance der direkt demokratischen und der indirekt demokratischen Elemente, einem drohenden Zuviel der indirekten Demokratie entgegenwirken.

Ein Beispiel für die Möglichkeiten, durch Einrichtungen der direkten Demokratie ein bestimmtes Mischverhältnis zwischen plebiszitären und repräsentativen Elementen zu bewirken, bieten die Institutionen direkter Demokratie in der Schweiz. Die Demokratie der Schweiz kennt sowohl auf der Ebene der Kantone als auch auf der Ebene des Bundes die Einrichtung der Initiative (Volksbegehren) als auch die Einrichtung des Plebiszits (Volksabstimmung). Teils wegen der gesetzlichen Bestimmungen, teils wegen des Drucks der Bürger und verschiedener Bürgerorganisationen sind diese Einrichtungen überaus lebendig. Die Bürger der Schweiz werden immer wieder an die Urnen gerufen, um selbst Entscheidungen zu treffen, die in anderen Demokratien von den Parlamenten oder Regierungen getroffen werden.

Diese direkte Demokratie der Schweiz ist freilich mit Problemen konfrontiert, die für alle direkt demokratischen Einrichtungen, die auch für die Bürgerinitiativen gelten: die direkte Demokratie der Schweiz hat mit dem Problem der politischen Apathie und mit dem Problem der politischen Fernsteuerung zu kämpfen.

Die Beteiligung an den Referenden (Plebiszite) der Kantone und des Bundes ist meistens so gering, daß eine Minderheit über eine noch kleinere Minderheit bestimmt, während die Mehrheit abseits steht, ohne Stellung zu beziehen. Darüber hinaus ist festzustellen, daß Parteien und Verbände zunehmend die Möglichkeiten der direkten Demokratie nützen, um so ihre eigenen politischen Bestrebungen mit dem vorteilhaften Erscheinungsbild direkter Demokratie auszustatten. Die direkte Demokratie als vernachlässigte und gleichzeitig ferngesteuerte Chance – mit diesen Gefahren einer weitgehenden Verwässerung sind alle Formen direkter Demokratie konfrontiert.

Auch Bürgerinitiativen müssen, wie in den folgenden Abschnitten noch gezeigt wird, sich dem Problem der Minderheitenbeteiligung und dem Problem der Hintergrundbeteiligung etablierter Gruppen (Parteien, Verbände) stellen. Bürgerinitiativen sind eine Blutauffrischung, eine zunächst nur schwer einzuordnende Ergänzung der traditionellen direkten Demokratie. Anders als Plebiszite und (gesetzlich definierte) Initiativen sind Bürgerinitiativen nicht verriegelt, sie sind nicht eingebettet in klare Grenzziehungen, die der Gesetzgeber, hinter dem die Interessen der Parteien und Verbände stehen, vorgeschrieben hat. Bürgerinitiativen können beweglicher agieren, sie sind nicht Gefangene der einengenden Bestimmungen der Verfassungen und Gesetze.

Das ist wiederum Gefahr und Chance zugleich. Das Defizit an Institutionalisierung, an Verrechtlichung und Verriegelung schafft der spontanen politischen Aktivität mehr Raum. Durch Bürgerinitiativen und in Gestalt von Bürgerinitiativen können die Bürger ihre politische Teilnahme anmelden, ohne daß sie einen Hürdenlauf über Hemmnisse formaler Natur antreten müssen.

Dieses Fehlen formaler Rahmenbedingungen schafft aber auch das zusätzliche Problem, daß die Legitimität von Bürgerinitiativen immer wieder unklar bleiben muß. Wann, ab welchem Grad der Beteiligung hat eine Bürgerinitiative

Anspruch, gehört zu werden? Wann, ab welchem Schwellenwert des politischen Engagements der Beteiligten kann eine Bürgerinitiative erwarten, daß sie sich durchsetzt? Und auch: Welche von zwei (oder mehreren) miteinander konkurrierenden, einander ausschließenden Bürgerinitiativen setzt sich durch? Wo sind die Kriterien dafür?

Bürgerinitiativen sind in einen Freiraum direkter Demokratie gestellt. Ihr vorgegebener Gegenspieler sind die Einrichtungen indirekter Demokratie – Parlamente, Regierungen, Parteien, Verbände. Diese sind auch die Adressaten der Bemühungen der Bürgerinitiativen. Denn Bürgerinitiativen können nicht selbst Entscheidungen herbeiführen. Sie können die zur Entscheidung befugten Einrichtungen dazu bewegen, so und nicht anders zu entscheiden. Die Bürgerinitiativen sind daher zunächst, ihrem Wesen nach, frei schwebende und frei organisierbare Konkurrenz der nicht frei schwebenden, der fest verriegelten Institutionen; sie sind aber ebenso Ergänzung dieser Einrichtungen, Ergänzung der Parlamente und Regierungen, der Parteien und Verbände.

1.2 Strategie und Taktik von Bürgerinitiativen

Der Erfolg von Bürgerinitiativen hat die Empfindlichkeit des politischen Systems zur Voraussetzung. Nur dann, wenn die Entscheidungsinstanzen gegenüber einem Druck von unten empfindlich sind, wenn sie gegenüber von außen kommenden Impulsen reagieren können, haben Bürgerinitiativen eine Chance. Ein politisches Regime, das gegenüber jeder Willensäußerung des Volkes immun ist, kann von Bürgerinitiativen nicht beeinflußt werden.

Bürgerinitiativen setzen ein Minimum an politischer Offenheit voraus. Deshalb sind Bürgerinitiativen im wesentlichen eine Erscheinungsform des Parlamentarismus und des Mehrparteiensystems. Der Konkurrenzkampf mehrerer Parteien um die Stimmen der Wähler, ein friedlicher Wettstreit, der auf das Parlament zielt und teilweise im Parlament stattfindet, macht die politischen Akteure druckempfindlich. Um Wahlen zu gewinnen, ist jede politische Partei versucht, Willensäußerungen von Wählern zuerst unter dem Aspekt der Maximierung der eigenen Stimmenzahl zu sehen.

Die Fähigkeit von Bürgerinitiativen, sich durchzusetzen, baut auf dieser Wählerabhängigkeit von Parteien auf. Da der Konkurrenzkampf der Parteien in der Öffentlichkeit stattfindet, da die Parteien die Öffentlichkeit der Medien und des Parlaments für sich zu nutzen versuchen, ist die Öffentlichkeit auch das Einfallstor, das die Bürgerinitiativen zur Einflußnahme nützen müssen.

Bürgerinitiativen sind keineswegs zwingend an Mehrparteiensysteme gebunden. Sie lassen sich vielmehr auch in Einparteiensystemen beobachten. So kennt auch die DDR das Phänomen der Bürgerinitiativen, und in der ČSSR hat die Bürgerinitiative „Charta 1977" erkennbar massiven Druck auf die herrschende Partei ausgeübt.

Die Tatsache, daß Bürgerinitiativen in Einparteiensystemen stattfinden und auch gewisse Einflüsse von diesen Initiativen ausgehen, kennzeichnet den vollzogenen Übergang eines Einparteiensystems vom Totalitarismus zu einem autoritären System, zu einer gleichsam milderen Form der Diktatur. Unter Hitler und Stalin wären Bürgerinitiativen auch als bescheidener Versuch der Einflußnahme von vornherein erstickt worden. Unter Hitler und Stalin gab es keine Öffentlichkeit, Hitler und Stalin waren von jeder Rücksichtnahme auf Willensäußerungen von unten frei. Die milderen Formen der Diktatur von Einparteiensystemen weisen hingegen eine gewisse Abhängigkeit von einer in Ansätzen vorhandenen öffentlichen Meinung auf. Für Honecker und Hussak können sich frei organisierende Bürger, die sich auf die Verfassung, auf die Menschenrechte und auf die Schlußakte von Helsinki berufen, zumindest sehr unangenehm werden.

Jede Bürgerinitiative, sowohl die vorherrschende Form

einer Initiative in einem westlichen Mehrparteiensystem als auch die Form einer Bürgerinitiative in einem östlichen Einparteiensystem, nützt die Abhängigkeit politischer Entscheidungsträger von der Öffentlichkeit. Die Öffentlichkeit ist das Feld, auf dem die Entscheidungsträger und die Bürgerinitiativen aufeinanderstoßen.

Dieser Zusammenhang von Bürgerinitiative und Öffentlichkeit macht es möglich, trotz der schillernden Vielfalt von Bürgerinitiativen, trotz einer Fülle höchst unterschiedlicher Formen und Inhalte ein einheitliches strategisches Grundmuster zu sehen. (Vgl. Tabelle 2.)

Tabelle 2: Strategisches Grundmuster von Bürgerinitiativen

Stufe 8, d): Erfolg – Ziele erreicht
  ↑?
Stufe 8, c): Erfolglosigkeit, weil Ziele unerreichbar
  ↑?
Stufe 8, b): Erfolglosigkeit, weil Dramatisierungstaktik falsch war
  ↑?
Stufe 8, a): Erfolglosigkeit, weil Adressat falsch eingeschätzt wurde
  ↑?
Stufe 7: Erfolgskontrolle
  ↑
Stufe 6: Ideologisierung zur Herstellung von Legitimation
  ↑
Stufe 5: Dramatisierung zur Herstellung von Öffentlichkeit
  ↑
Stufe 4: Analyse der Situation des Adressaten (vor allem der Druckpunkte)
  ↑
Stufe 3: Definition des Adressaten (Haupt- und Umwegadressaten)
  ↑
Stufe 2: Definition der Ziele (externer Vorgang, Außenwirkung beabsichtigt)
  ↑
Stufe 1: Definition der Interessen der direkt und der nicht direkt Betroffenen (interner Vorgang)

Stufe 1: Die Interessen, die hinter der Aktivität der Initiatoren stehen, müssen intern eindeutig geklärt sein. Dabei lassen sich vor allem zwei Bündel von Interessen unterscheiden – die Interessen der direkt Betroffenen, also der

Stadtteilsbewohner, der Eltern, der Benützer öffentlicher Verkehrsmittel usw., und die Interessen der nicht direkt Betroffenen, die aus anderen Gründen initiativ sind, aus Gründen des politischen Idealismus im weitesten Sinn. Beide Interessenbündel müssen deshalb klar definiert und unter Umständen auch klar voneinander abgegrenzt werden, weil das Versäumnis einer solchen Klarstellung die Möglichkeit späterer Mißverständnisse miteinschließt. Die nicht betroffenen Initiatoren neigen dazu, ihre weltanschauliche politische Sicht der Dinge auch in die Interessenlage der direkt Betroffenen hineinzuinterpretieren. Die direkt Betroffenen wiederum sind, wenn die andersgeartete Interessenlage der „Idealisten" nicht klargestellt ist, insbesondere bei Zuspitzung des Konfliktes versucht, den „Idealisten" eigennützige Motive zu unterstellen. Vor allem dann, wenn diese beiden möglichen Initiativgruppen (direkt und nicht direkt Betroffene) schwergewichtig aus verschiedenem sozialem Milieu kommen, kann ein Versäumnis bei Stufe 1 zu schwerwiegenden Behinderungen führen.

Stufe 2: Nach der intern vorgenommenen Definition der Interessen folgt die mit Blickrichtung nach außen vorzunehmende Definition der Ziele. Da Bürgerinitiativen vor allem in der Öffentlichkeit auftreten, muß die zu beeinflussende Öffentlichkeit über die Absichten der Initiatoren unterrichtet sein. Fehlt eine klare und eindeutige Festlegung der Ziele, so können Mißverständnisse entstehen, die – im Bumerang-Effekt – auf die Initiatoren zurückfallen.

Stufe 3: Den Initiatoren muß von Anfang an klarsein, wer Adressat der Bürgerinitiative ist. Hier muß zwischen dem Hauptadressaten und einem möglichen Umwegadressaten unterschieden werden. Hauptadressat ist, wer der Bürgerinitiative das verschaffen kann, was als ihr Ziel definiert ist. Umwegadressat ist, wer den Hauptadressat dazu bringen kann, den Wünschen der Bürgerinitiative zu folgen. Umwegadressat ist zum Beispiel das Leitungsgremium einer Partei auf Landesebene, das mit dem Hinweis auf bevorstehende Wahltermine einen Bürgermeister der eigenen

Partei dazu bringt, die Wünsche einer Bürgerinitiative stärker zu berücksichtigen.

Stufe 4: Die Bürgerinitiative muß, um erfolgreich sein zu können, die Situation des Adressaten (des Hauptadressaten wie auch eines möglichen Umwegadressaten) erkennen und analysieren. Die Initiatoren müssen vor allem in Erfahrung bringen, wo die möglichen Druckpunkte des möglichen Adressaten sind, wo er empfindlich ist, wo die Taktik der Bürgerinitiative einsetzen kann.

Stufe 5: Die konkreten taktischen Maßnahmen der Bürgerinitiative finden entweder in der Öffentlichkeit statt, oder sie sind auf eine mögliche Öffentlichkeit bezogen. Die Techniken der gewaltfreien Aktion sind die wichtigsten Maßnahmen von Bürgerinitiativen in der Öffentlichkeit selbst; der Hinweis auf möglicherweise wahlentscheidende Änderungen des Wählerverhaltens ist die wichtigste Form der Druckausübung im Hinblick auf eine mögliche Öffentlichkeit. Die Druckausübung folgt dem allgemeinen Konzept einer Dramatisierung; um in der Öffentlichkeit wirksam aufzufallen beziehungsweise um die Bezüge zu einer möglichen Öffentlichkeit glaubhaft herzustellen, muß die Bürgerinitiative ihre Ziele scharf, kraß zeichnen.

Stufe 6: Zur Absicherung ihrer Legitimation muß die Bürgerinitiative ihre qualitative und quantitative Bedeutsamkeit (Gewichtigkeit des Zieles, große Zahl der sie unterstützenden Bürger usw.) stark betonen. Sie muß ihr Ziel insofern ideologisieren, als sie nicht als Vertreterin von Einzelinteressen erscheinen darf, sondern sich auf das Gesamtinteresse, auf das Gemeinwohl berufen muß.

Stufe 7: Zum linearen Charakter von Bürgerinitiativen zählt, daß sie sich mit einem einmaligen Versuch nicht zufriedengeben. Bürgerinitiativen müssen immer ihren Erfolg kontrollieren, um nach einer solchen Erfolgskontrolle weitere Schritte rational planen zu können. Gegenstand der Überprüfung ist die Reaktion des Adressaten, ob und inwieweit er den Wünschen der Initiatoren Rechnung trägt, auf welche Umstände sein Eingehen oder Nichteingehen auf die Wünsche der Bürgerinitiative zurückgeführt werden kann.

Stufe 8: Je nach Ergebnis der Erfolgskontrolle kann die Bürgerinitiative wegen eines vollen Erfolges aufgelöst werden, kann sie wegen überzeugend nachgewiesener Aussichtslosigkeit eingestellt werden, kann sie bei Stufe 3 oder auch bei Stufe 5 wieder einsetzen.

Von diesem strategischen Grundmuster ist die Frage unabhängig, in welcher Form Bürgerinitiativen organisiert werden sollen und können. Dies ist zunächst von den rechtlichen Voraussetzungen abhängig, das heißt, ob sich zum Beispiel eine Organisation in Vereinsform empfiehlt. Der lineare Charakter legt jedoch dann, wenn eine Bürgerinitiative nicht bereits im ersten Anlauf vollen Erfolg erreicht, eine bestimmte formale Organisation nahe, die in einer Arbeitsteilung besteht.

Einer Arbeitsteilung in der Bürgerinitiative steht zwar ein möglicher, radikaler, basisdemokratischer Anspruch entgegen. Die gewünschte Effizienz, die unterschiedliche soziale Ausgangssituation zwingen auf längere Sicht jedoch zu einer zumindest minimalen Arbeitsteilung.

Die meisten Bürgerinitiativen schaffen daher demokratisch verantwortliche Eliten (Sprecher usw.), die gegenüber dem im Regelfall streng gegliederten Adressaten (Bürokratie, Partei, Verband, Parlament) ebenfalls eine gewisse Gliederung aufweisen. Da Bürgerinitiativen im Regelfall nicht mit einer einzigen Maßnahme (Demonstration usw.) erschöpft sind, da die Initiatoren unterschiedliche Verpflichtungen jenseits ihrer politischen Aktivität, vor allem im Berufsleben, haben, ist Arbeitsteilung faktisch sogar unumgänglich.

Im Mehrparteiensystem zielt eine Bürgerinitiative vor allem darauf, die Konkurrenz zwischen den Parteien zu nützen. Das Ausspielen der einen gegen die andere Partei verschafft einer Bürgerinitiative das Gewicht, das einer mobilen Wählergruppe im Mehrparteiensystem zukommt.

Bürgerinitiativen können jedoch auch innerparteiliche

Konkurrenz nützen. Insbesondere die drohende Mobilisierung einer breiten Basis in der Partei kann im Mehrparteiensystem ebenfalls als Druck eingesetzt werden – im Hinblick auf das im Wahlkampf erwünschte, geschlossene Erscheinungsbild können Parteien dazu gebracht werden, um dieser Geschlossenheit willen Konzessionen an innerparteilich agierende Druckgruppen zu machen.

Generell ist das Muster von Bürgerinitiativen jedoch darauf gerichtet, zwar in Parteien hineinzuspielen, aber grundsätzlich außerhalb von Parteien zu bleiben. Bürgerinitiativen unterscheiden sich von Parteien dadurch, daß sie nicht selbst die Entscheidung herbeiführen können oder wollen. Sie sind keine Alternative zum Parteiensystem, sie sind jedoch eine Möglichkeit, im Mehrparteiensystem den Mechanismus der Konkurrenz für bestimmte Interessen nutzbar zu machen.

Bürgerinitiativen sind, wie Heinz Grossmann schreibt (S. 169), ,,Zweitorganisationen". Ihre Aufgabe, ihre Chance ist es, sich eine Ebene unterhalb der Ebene der Parteien zu organisieren. Eine Überschätzung ihrer Möglichkeiten, insbesondere mit Blickrichtung auf Alternative zu Parteien, schadet ihren Erfolgsaussichten eher. Das strategische Grundmuster der Bürgerinitiativen ist dazu da, Parteien unangenehm zu werden. Bürgerinitiativen sind dann erfolgreich, wenn sie Stacheln im Fleisch der Parteien sind; nicht aber wenn sie Parteien schlechthin ersetzen wollen.

In seinem Bericht über die 1969 gestartete Bürgerinitiative gegen die Stadterneuerung der ,,Cité d'Aliarte" (Paris) schildert José Olives, wie sehr bereits die Stufe 1 des strategischen Grundmusters für die weitere Entwicklung bedeutungsvoll ist. Bei der Darstellung der Strategie dieser Bürgerinitiative kommt der Beschreibung der gesellschaftlichen Basis der unmittelbar Betroffenen und zu Aktivierenden entscheidende Bedeutung zu. Je nachdem, in welchem Teil des betroffenen Wohnviertels französische oder nordafrikanische Arbeiter wohnten, wurden teilweise unterschiedliche taktische Konsequenzen gezogen. Die Unterschiede im Bewußtsein und daher in der Ansprechbarkeit dieser beiden voneinander in bestimmten Bereichen verschiedenen Gruppen hatten Unterschiede im politischen Vorgehen zur Folge.

Diese Unterschiede der Betroffenheit – auch bei den direkt Betroffenen – macht auch Unterschiede in der Zielgruppenansprache notwendig. Die Öffentlichkeitsarbeit der zunächst vorhandenen Initiativgruppe, die eine Verbreiterung der Basis der Initiatoren durch gezieltes Ansprechen von Betroffenen will, muß unterscheiden:
– nach dem Bewußtseinsstand,
– nach dem sozialen Status (Einkommen, Besitz usw.),
– nach der politischen Bindung (Parteimitglieder, Parteiungebundene, Mitglieder von Verbänden usw.),
– nach der Belastungsfähigkeit (Abhängigkeit oder Unabhängigkeit von Adressaten).

Zentralpunkt des strategischen Grundmusters ist das Prinzip Öffentlichkeit. Bürgerinitiativen brauchen Öffentlichkeit. Bürgerinitiativen brauchen daher Medien. Die Erfolge der amerikanischen Bürgerrechtsbewegung in den sechziger Jahren im Kampf gegen die Rassentrennung waren nur möglich, weil die Medien die Maßnahmen der südstaatlichen Polizei gegen friedliche Demonstranten direkt in das Haus der Nichtbetroffenen lieferten; weil die Medien einen Mitleidseffekt auslösten; weil sie ein Klima in der Öffentlichkeit zugunsten der Aktivisten erzeugten. Diese Bedeutung der Medien kann freilich nicht nur einseitig gesehen werden. Es sind auch Auswirkungen vorstellbar, die sich nicht für, sondern gegen die Bürgerinitiativen auswirken. Im Zusammenhang mit den Erfahrungen niederländischer kommunaler Bürgerinitiativen spricht man vom „Schildersbuurt-Effekt", nach dem Sanierungsviertel „Schildersbuurt" in Den Haag. Eine Fernsehsendung, die das Selbstwertgefühl der Bewohner des betroffenen Stadtteils verletzte, war gegen die Bürgerinitiative gerichtet. Die Sendung hatte freilich dann auch eine aktivierende Wirkung, weil die Empörung über ihre Abstempelung als „asozial" Betroffene für die Bürgerinitiative ansprechbar machte (Bahr, S. 238).

Entscheidet sich eine Bürgerinitiative für bestimmte Strategieformen im Rahmen des Grundmusters, so schließt diese Entscheidung auch bereits eine Entscheidung für bestimmte Taktiken mit ein. Will zum Beispiel eine Bürgerinitiative die Druckempfindlichkeit politischer Parteien vor allem mit Einsatz ihres quantitativen Wählergewichtes nützen, so werden sich Taktiken empfehlen, die die Massenunterstützung der Initiatoren herausstellen – also Massenaktionen. Will, um ein anderes Beispiel zu erwähnen, eine Bürgerinitiative die Empfindlichkeit einer Regierung gegenüber Reaktionen im Ausland nützen, so empfiehlt es sich, Kontakte zu ausländischen Medien, Kontakte zu ausländischen Meinungsführern herzustellen und auszubauen.

Alle taktischen Maßnahmen, die Bürgerinitiativen sinnvoll offenstehen, kreisen um das Prinzip Öffentlichkeit. Zu unterscheiden ist der direkte Kontakt zur Öffentlichkeit und der indirekte, von Medien vermittelte Kontakt. Mittel des direkten Kontaktes sind beispielsweise:
– Informationsstände,
– Sammeln von Unterschriften,
– Einzeldemonstrationen,
– Massendemonstrationen,
– Kundgebungen,
– Flugblätter.

Je nach Art der Rahmenbedingungen kann der durch die Medien herzustellende indirekte Kontakt mit der Öffentlichkeit weichtiger oder weniger wichtig als der direkte Kontakt sein. Bürgerinitiativen sind, wenn sie erfolgreich sein wollen, jedenfalls bemüht, mit den Trägern der Medien, mit den Journalisten, gute Kontakte zu haben. Günstig ist es, wenn die Mediensituation möglichst pluralistisch ist, wenn eine größere Zahl von Zeitungen, wenn eine in sich pluralistische Rundfunk- und Fernsehanstalt zur Verfügung stehen. Eine zum Monopol tendierende Mediensituation erschwert Bürgerinitiativen die Möglichkeit, da monopolartig organisierte Medien eher im Einfluß der Entscheidungsträger und daher weniger zu deren Beeinflussung geeignet sind.

Eine Untersuchung von Bürgerinitiativen im Ruhrgebiet, die zwar nicht streng repräsentativ für Bürgerinitiativen schlechthin genommen werden kann, die aber die allgemein zu beobachtenden Techniken wiedergibt, zeigt, welche Mittel der direkten und der indirekten Beeinflussung der Öffentlichkeit genutzt werden. (Vgl. Tabelle 3.)

Tabelle 3: Techniken der Beeinflussung der Öffentlichkeit, am Beispiel der Initiativen des Ruhrgebietes

Aktionsformen der Initiative zur Vertretung ihrer Anliegen

	abs.	rel.
Zeitungen	21	33,9
Flugblätter, Plakate	14	22,6
öffentliche Versammlungen, Hearings	5	8,1
eigenes Mitteilungsblatt	5	8,1
Rundfunk	5	8,1
sonstige	4	6,5
k. A.	0	0,0
Resolution, Unterschriftensammlungen, Rundschreiben	6	9,7
keine Aktionen	2	3,2
Summe (Mehrfachnennungen)	62	100,0

Quelle: Borsdorf-Ruhl, Tabelle III/72.

Für die Beeinflussung der Öffentlichkeit ist es wichtig, daß die Bürgerinitiative die Reizschwelle zu übersteigen versteht. Dazu bedarf es der Technik der Dramatisierung. Sowohl die direkte als auch die von Medien transportierte Beeinflussung der Öffentlichkeit setzt voraus, daß durch besondere Informationen die durch eine Reizüberflutung entstandene Abwehrschicht der zu mobilisierenden Bürger durchbrochen wird.

Ein Beispiel für die erfolgreiche Dramatisierung eines Anliegens einer Bürgerinitiative ist die von der niederländischen Schalom-Bewegung durchgeführte Rohrzuckeraktion. Um auf bestimmte ökonomische Probleme der „Dritten Welt" aufmerksam zu machen, organisierten die Träger dieser Bewegung eine „symbolische Aktion". Sie verkauften Rohrzucker auf der Straße, die tauschten in den Haushalten Rübenzucker gegen Rohrzucker aus, sie versuchten Lebensmittelhändler zu bewegen, anstelle von Rübenzucker Rohrzucker zu verkaufen (Bahr, S. 177).

Ziel dieser symbolischen Aktion war weniger die Steigerung des Rohrzuckerkonsums, als ganz allgemein ein erhöhtes Problembewußtsein zu schaffen. Der in der Dritten Welt erzeugte Rohrzucker wurde symbolhaft für die Benachteiligung der unterentwickelten Länder als Dramatisierungsmittel eingesetzt.

Die Techniken, die den Bürgerinitiativen zur Verfügung stehen, gleichen den Techniken, die im Rahmen der gewaltfreien Aktion und der sozialen Verteidigung entwickelt worden sind. Im Anschluß an die Praktiken Mahatma Gandhis und Martin Luther Kings, im Anschluß an die Theorien Gene Sharps und Theodor Eberts können folgende Dramatisierungstechniken unterschieden werden:
– Protestaktionen; darunter fallen im wesentlichen die Taktiken, die traditionell zur Beeinflussung der Öffentlichkeit eingesetzt werden (Tabelle 3).
– Fastenaktionen; Hungerstreiks haben in vielen Fällen ihre symbolische, dramatisierende Wirkung bewiesen; beispielsweise im gewaltfreien Widerstand der indischen Kongreßpartei gegen den britischen Kolonialismus, beispielsweise bei Protesten von Dissidenten aus Osteuropa, die nach ihrer Emigration in den Westen durch demonstratives Hungern westliche Regierungen zu Interventionen bei osteuropäischen Regierungen gebracht haben.
– Verweigerung der politischen Zusammenarbeit; diese Technik ist deshalb eine besonders radikale Stufe, weil sie die Adressaten, die politischen Entscheidungsträger, nicht durch Kooperationsangebote (vor allem durch Wählerbeeinflussung), sondern durch Nichtkooperation beeinflussen will.

- Wirtschaftlicher Boykott; diese Technik ist vor allem geeignet, Adressaten zu treffen, die politisch von den Betroffenen nicht abhängig sind; beispielsweise, wenn eine Bürgerinitiative nicht nur überregional, sondern international agiert, etwa bei einem Boykott gegen Waren aus bestimmten Ländern.
- Ziviler Ungehorsam; diese Technik ist die schärfste Waffe der gewaltfreien Aktion; wenn Bürgerinitiativen sich ihrer bedienen, etwa zum Ungehorsam gegenüber Gerichten und Behörden aufrufen, dann ist die schärfste Form der Konfrontation zwischen Initiatoren und Entscheidungsträgern erreicht; diese Stufe wird, wenn Bürgerinitiativen erfolgreich sein wollen, nur sinnvoll einzusetzen sein, wenn weniger scharfe Techniken erfolglos eingesetzt wurden und wenn die Initiatoren ihrer Massengefolgschaft sicher sind.

Die Techniken der gewaltfreien Aktion sind auch deshalb für Bürgerinitiativen von großer Bedeutung, weil die Schwelle der Gewaltanwendung, des Einsatzes direkter und personaler Gewalt, für die zu beeinflussende Öffentlichkeit meistens auch ein psychologischer Schwellenwert ist. Sobald Bürgerinitiativen direkte Gewalt („Gewalt gegen Sachen", erst recht „Gewalt gegen Personen") anwenden, ist mit einem oft entscheidenden Sympathieverlust zu rechnen. Die Öffentlichkeit, bis zur Erreichung der Gewaltschwelle der wichtigste Bündnispartner von Bürgerinitiativen, wird zum wichtigsten Gegner.

1.3 Regionale und inhaltliche Schwerpunkte von Bürgerinitiativen

Alle Untersuchungen von Bürgerinitiativen zeigen, daß sich diese nicht gleichmäßig auf die verschiedenen Ebenen und Felder der Politik verteilen. Bürgerinitiativen sind deutlich häufiger auf einer unteren, lokalen Politikebene zu beobachten; sie sind auf dieser lokalen Politikebene häufiger im städtischen, insbesondere im großstädtischen Bereich angesiedelt; diesem Schwerpunkt entsprechend konzentrieren sich Bürgerinitiativen vor allem auf die Politikfelder, die eher auf den unteren Politikebenen entschieden werden – Umweltschutz, Schule, Kindergärten, Verkehr, Wohnen.

Daß Bürgerinitiativen vor allem im Bereich der lokalen Politik auftreten, hängt mit der Unmittelbarkeit kommunaler Politik zusammen. Daß Bürgerinitiativen weniger im besonders leicht überschaubaren, ländlichen Raum und häufiger im schwieriger erlebbaren, städtischen Raum auftreten, zeigt, daß die Unmittelbarkeit der Politikerfahrung nicht allein als Ursache für Schwerpunktbildungen herangezogen werden kann. Zu der Frage der politischen Unmittelbarkeit, die direkte Demokratie in der überschaubaren Einheit eher ermöglicht, tritt die Frage der Dringlichkeit. Die Probleme, die für den Bürger offenbar besonders drückend und dringlich sind, sind vor allem die Probleme des städtischen Raumes.

Die Formen direkter Demokratie, die sich in der Geschichte der Demokratie entwickelt haben, waren von Anfang an auf den überschaubaren Raum der Gemeinde und der kleineren Region konzentriert. Die Demokratie im antiken Athen, die Demokratie in den italienischen Stadtstaaten am Beginn der Neuzeit, die Demokratie in den Kantonen der Eidgenossenschaft – sie alle waren Anwendungen direkter Demokratie in einem Bereich, den der einzelne Bürger überschauen und kontrollieren konnte. Daß Bürgerinitiativen als neue Form direkter Demokratie vor allem auf der untersten Ebene des politischen Systems entstehen, steht somit in der Tradition direkter Demokratie.

Daß die Bürgerinitiativen nicht nur in erster Linie eine Erscheinungsform lokaler Politik sind, daß sie gleichzeitig auch primär eine Erscheinungsform städtischer Politik sind, muß als Folge sowohl der politischen Problemstellungen als auch der sozialen Strukturen der Betroffenen gesehen werden. Die Probleme, die als besonders drückend empfunden werden, bei denen das Versagen der Einrichtungen des Repräsentativsystems besonders spürbar ist, sind die Probleme der modernen städtischen Agglomerationen. Dort, wo extreme Arbeitsteiligkeit herrscht, wo die meisten Funktionen der Vorsorge und der Versorgung dem einzelnen Bürger durch kommunale und andere Institutionen entzogen sind, eben im Bereich der modernen Großstadt, führt die Unzufriedenheit des Bürgers auch am ehesten zu politischen Reaktionen.

Die Schwerpunktbildung der Bürgerinitiativen im Bereich städtischer Kommunalpolitik muß jedoch auch vor dem Hintergrund der – im Abschnitt 4 Punkt 1 ausführlicher behandelten – sozialen Schichtung gesehen werden. Bürgerinitiativen werden überproportional vom gebildeten städtischen mittelständischen Bürgertum getragen. Im städtischen Bereich sind also auch die Voraussetzungen bei den Betroffenen für die Entstehung von Bürgerinitiativen besonders günstig.

Die Großstadt und ihre Umgebung ist jedenfalls der Platz, auf dem die spürbarsten Politikdefizite und die zu direktem politischen Engagement bereitesten Bürger aufeinandertreffen. Bürgerinitiativen sind vor allem eine kommunalpolitische Beteiligungsform städtischer Bürger.

Trotz dieser Schwerpunktbildung im lokalen Politikbereich treten Bürgerinitiativen auch auf anderen, höheren Ebenen der Politik auf. Manche Bürgerinitiativen lassen sich überhaupt nicht einer Ebene zuordnen. Die gegen Atomkraftwerke engagierten Bürgerinitiativen – etwa in Frankreich und in der Bundesrepublik Deutschland – weisen sowohl lokalpolitische Aspekte auf (Protest der Anwohner) als auch nationale Aspekte (Protest gegen die Energiepolitik der Regierung), als auch internationale Aspekte (Absprachen zwischen deutschen, französischen, eidgenössischen Bürgerinitiativen im Bereich des Rheins).

Ein Beispiel für eine ausschließlich auf die nationale Ebene konzentrierte Bürgerinitiative ist die Bewegung der „Charta 1977". Diese Bürgerinitiative setzt die Regierung der ČSSR mit Berufung auf die Schlußakte der Konferenz für Sicherheit und Zusammenarbeit in Europa unter Druck. Adressat sind nicht Entscheidungsträger unterhalb der nationalen Ebene, Adressat ist die Regierung, ist die Einheitspartei – Umwegadressat ist die internationale Öffentlichkeit.

Ein Beispiel für eine Bürgerinitiative, die auf nationaler Ebene organisiert ist, aber grundsätzlich internationale Zielvorstellungen verfolgt, war die in der Bundesrepublik Anfang der siebziger Jahre begonnene Bürgerinitiative zur Verhinderung des Cabora-Bassa-Staudammes. Adressaten waren deutsche Firmen, die sich am Bau des Staudammes beteiligten. Ziel war jedoch die Kolonialpolitik Portugals.

Ein Beispiel für eine auf internationaler Ebene organisierte und internationale Zielvorstellungen verfolgende Bürgerinitiative ist „amnesty international". Diese Bewegung mobilisiert in mehreren Staaten Öffentlichkeit, um auf die Entscheidungsträger in mehreren Staaten Druck auszuüben. Dieser Einsatz von Öffentlichkeit und diese Taktik des Druckausübens, in Verbindung mit einer klaren

Tabelle 4: Inhaltliche Schwerpunkte von Bürgerinitiativen in der Bundesrepublik Deutschland

Problembereich	In diesem Bereich tätige Initiativen	
	absolut	in %
Umweltschutz	343	16,9
Kindergärten / Spielplätze	322	15,8
Verkehr	240	11,8
Schule	164	8,1
Stadtentwicklung allgemein	163	8,0
Randgruppen	144	7,1
Wohnungs- und Mietfragen	117	5,7
Jugendfragen (insbes. Freizeitheime)	100	4,9
Kommunale Einrichtung (Schwimmbäder / Sportanlagen / Krankenhäuser usw.)	79	3,9
Sanierung	74	3,6
Kulturleben	67	3,3
Denkmalschutz / Stadtbild	50	2,5
Kommerziell orientierte Initiativen	41	2,0

Quelle: Kodolitsch, S. 274.

Definition des Interesses (Durchsetzung der Menschenrechte) und der Ziele (Freilassung von politischen Häftlingen), lassen eine eindeutige Zuordnung von „amnesty international" zum Bereich der Bürgerinitiativen zu.

Der lokalen Schwerpunktbildung entsprechend ist auch die inhaltliche Schwerpunktbildung. Eine umfangreiche Untersuchung von Bürgerinitiativen in der Bundesrepublik hat eindeutige Schwerpunktbildungen ergeben, die von anderen, weniger repräsentativen Erhebungen zwar nicht in allen Punkten, jedoch in der grundsätzlichen Richtung bestätigt werden. (Vgl. Tabelle 4.)

Der bei dieser Untersuchung am stärksten vertretene Bereich, der Umweltschutz, weist gegenüber den anderen, ebenfalls stärker vertretenen Bereichen zwei Besonderheiten auf: im Bereich des Umweltschutzes sind überregionale Zusammenschlüsse häufiger; im Bereich des Umweltschutzes sind gesellschaftsverändernde Tendenzen spürbarer.

Stärker als in den Bereichen des Bildungssystems oder der traditionellen Kommunalpolitik (Verkehr, kommunale Einrichtungen usw.) führt eine intensive Beschäftigung mit Problemen der Ökologie zu Fragen der Eigentumsordnung, der Profitorientierung, des Zusammenhanges von Wirtschaft und Politik. Von den anderen, deutlichen, inhaltlichen Schwerpunkten der Bürgerinitiativen erlaubt nur noch der Problembereich Wohnung ähnlich eindeutige Querverbindungen zwischen der unmittelbar erlebten Politik und der gesamten Ökonomie.

Stärker als alle anderen inhaltlichen Schwerpunkte führt auch die Beschäftigung mit Fragen des Umweltschutzes zur Überschreitung der Grenzen der Kommunalpolitik. Probleme wie die Verschmutzung von Flüssen, die Verunreinigung von Luft, die Verminderung von Erholungsräumen und Grünzonen können letztlich nicht als Probleme einer Stadt allein gelöst werden.

Der Problembereich Umweltschutz ist auch besonders übergreifend. Die verschiedenen Initiativen gegen Atomkraftwerke, die für das Überschreiten der einzelnen Politikebenen typisch sind, sind auch typisch für das Überschreiten der einzelnen Politikfelder. In ihnen mischen sich verschiedene Problemfelder, vor allem auch Anliegen des Umweltschutzes; bei diesen Initiativen gehen auch gesellschaftsbewahrende und gesellschaftsverändernde Ansätze ineinander über.

Auffallend bei der in Tabelle 4 wiedergegebenen Untersuchung und auch bei allen anderen Analysen von Bürgerinitiativen ist die starke Bedeutung bildungs- und erziehungspolitischer Problemfelder. Kinderspielplätze, Kindergärten, Schulen sind in einem besonders hohen Maße Motive für Bürgeraktivitäten. Unmittelbare Betroffenheit und lokale Steuerungsmöglichkeiten schaffen hier besondere Anreize. Während Fragen der Außenpolitik, aber auch Fragen der prinzipiellen Strukturen des Gesellschaftssystems dem lokalen Politikbereich vollständig und auch der direkten Bürgerbeteiligung weitgehend entzogen sind, sind Probleme der Organisation der Erziehung und Bildung aussichtsreiche Betätigungsfelder kommunalpolitisch engagierter Bürger.

Sieht man von den deutlich in ökonomische Bereiche übergreifenden Problemfeldern Umweltschutz und Wohnen ab, so fällt bei den vorherrschenden Problemfeldern von Bürgerinitiativen auf, daß sie kaum mit Fragen der Wirtschaftspolitik und des Wirtschaftssystems zu tun haben. Bürgerinitiativen sind eher dort beheimatet, wo – entsprechend der marxistischen Diktion – der „Überbau" ist; sie sind nur ausnahmsweise im „Unterbau" festzustellen.

Diese auffallende, inhaltliche Schwerpunktbildung kann auf zwei Ursachen zurückgeführt werden. Die erste Ursache ist die Unmittelbarkeit des Erlebens in Verbindung mit der Möglichkeit des Erfolges. Die zweite Ursache ist bei der Interessenlage der in Bürgerinitiativen besonders hervortretenden Bürgergruppen zu vermuten.

Die Grundzüge eines ökonomischen Systems, die Fragen der Eigentumsordnung, sind in ihren Auswirkungen für den einzelnen Bürger offenbar relativ schwierig direkt abzusehen; außerdem sind diese Grundzüge der sozio-ökonomischen Struktur von den strategischen und taktischen Möglichkeiten einer Bürgerinitiative nur schwer zu erfassen. Diese Grundzüge werden auf einer höheren Ebene als der lokalen Politikebene entschieden, auf einer Ebene, auf der Bürgerinitiativen nur ausnahmsweise agieren, insbesondere kaum erfolgreich agieren können.

Die im Abschnitt 4 Punkt 1 näher behandelten Probleme der sozialen Schichtung lassen auch die Schlußfolgerung zu, daß der mittelständisch-bürgerliche Charakter, den Bürgerinitiativen schwergewichtig aufweisen, eine solche Betonung des „Überbaues" gegenüber dem „Unterbau" bewirkt. Kulturpolitik (im weitesten Sinn) und Sozialpolitik (im engeren Sinn), beides auf lokaler Ebene – das sind die Schwerpunkte von Bürgerinitiativen. Gesellschaftspolitik (im umfassenden Sinn) und Wirtschaftspolitik (im traditionellen Sinn) treten als Problemfelder von Bürgerinitiativen eher in den Hintergrund.

Bei einer schwerpunktmäßigen Einordnung von verschiedenen Aktivitäten darf der Begriff der Bürgerinitiative freilich nicht überspannt werden. Insbesondere müssen Formen der Selbstorganisation der Bürger, die Fritz Vilmar – in bewußter Abgrenzung vom Begriff der Bürgerinitiativen – als Bürgeraktionen einstuft, nicht einfach mit Bürgerinitiativen vermengt werden. Bürgeraktionen, die von den Entscheidungsträgern des Repräsentativsystems kein bestimmtes Handeln oder Unterlassen verlangen, die vielmehr in Eigenverantwortung selbst die Entscheidungsfindung beanspruchen, folgen anderen Mustern politischen Handelns. So kann zum Beispiel die Besetzung der französischen Uhrenfabrik Lip durch die Arbeiter dieses in Konkurs gegangenen Werkes nicht als Bürgerinitiative eingestuft werden. So kann auch die Release-Bewegung, die eine selbstorganisierte Befreiung von Drogenabhängigkeit erreichen will, ebensowenig Bürgerinitiative genannt werden. Beide Beispiele von Bürgeraktion, mit stärkeren „Unterbau"-Bezügen das eine, mit stärkeren „Überbau"-Bezügen das andere Beispiel, richten sich nur sekundär auf die Schwachstellen politischer Entscheidungsträger; primär wollen sie für ihr Problemfeld Selbstorganisation, also autonome Entscheidungsfindung.

1.4 Versuche einer Erklärung des Phänomens Bürgerinitiativen

Die überschäumende Vielfalt und die explodierende Zahl von Bürgerinitiativen, die in westlichen Demokratien, aber auch in östlichen Einparteiensystemen seit einem Jahrzehnt festzustellen sind, können nicht einfach erklärt werden. Es bieten sich mehrere Erklärungen an, die, teilweise ineinander übergreifend, den Bedeutungszuwachs dieser Form direkter Demokratie begründen wollen. Einmal wird der Grund mehr in den Entwicklungslinien von Staat und Gesellschaft gesehen, ein andermal mehr in Änderungen des Bewußtseins der Bürger.

Die verschiedenen Versuche, das Zeitphänomen Bürgerinitiative zu erklären, können vereinfacht in sieben Thesen zusammengefaßt werden. Keine dieser Thesen kann für sich allein beanspruchen, die Erklärung schlechthin zu liefern. Vielmehr ist in jeder dieser Thesen ein Stück Erklärung verborgen.

These 1: Bürgerinitiativen als Frühwarnsystem. Bürgerinitiativen dienen den politischen Entscheidungsträgern als Methode, mögliche Reibungsverluste frühzeitig zu erkennen und so vermeiden zu können. Da politische Entscheidungen gerade dann, wenn sie demokratischen Kriterien genügen sollen, die Bedürfnisse der betroffenen Bürger befriedigen müssen, die Richtung und das Ausmaß dieser Bedürfnisse aber nur von den Bürgern selbst definiert werden können, ist die Einstellung der Betroffenen zu den Auswirkungen politischer Entscheidungen das wichtigste Rahmendatum eben dieser Entscheidungen (Offe, S. 153 ff.).

Zur Klärung dieser Bedürfnisse gibt es verschiedene Methoden. Eine davon ist die Demoskopie. Diese hat die Beschränkung, daß sie immer nur Momentaufnahmen des politischen Bewußtseins der Betroffenen liefern kann. Da zwischen politischen Entscheidungen und deren erkennbaren fühlbaren Auswirkungen oft große Zeitabstände liegen, kann die Reaktion der Betroffenen auf die Folgeerscheinungen politischer Entscheidungen nicht bereits zum Zeitpunkt der Entscheidung voll abgesehen werden. Die Methode der Demoskopie bedarf daher der Ergänzung. Politische Entscheidungen – und dazu sind auch Nicht-Entscheidungen zu zählen – werden gleichsam experimentell getestet. Bestimmte, erste Folgeerscheinungen der Entscheidung (oder der Nichtentscheidung) werden den Betroffenen vorgelegt. Das Ausmaß ihrer Zustimmung oder ihres Widerstandes kommt in Bürgerinitiativen zum Ausdruck. Bevor noch die politischen Entscheidungsträger endgültig, mit vollen Konsequenzen, die politischen Entscheidungen durchziehen, können ihnen Bürgerinitiativen Auskunft über die Angepaßtheit zwischen diesen Entscheidungen und der Bedürfnislage der Betroffenen geben.

Insbesondere unter dem Gesichtspunkt politischer Planung bekommt der Frühwarnaspekt von Bürgerinitiativen seine Bedeutung. Komplizierte politische Entscheidungen, auf lange Sicht vorausgeplant, werden durch Bürgerinitiativen immer wieder zur Anpassung an geänderte Bedürfnisse, an geändertes Bewußtsein gezwungen. Dadurch wird verhindert, daß politische Entscheidungen und politische Bedürfnisse in einen nicht mehr lösbaren Widerspruch kommen. Bürgerinitiativen sind in dieser Sicht Hilfsmittel der Entscheidungsträger, die ihre Entscheidungen elastisch zwischen den einzelnen Bürgerwiderständen, ausgedrückt in Initiativen, durchziehen können. Bürgerinitiativen werden so zu einer von Parteien, Verwaltung, Parlamenten erwünschten Entscheidungshilfe.

These 2: Bürgerinitiativen als Folge von „sinkenden Partizipationstemperaturen". Die Ausgangsüberlegung dieses Erklärungsversuches ist, daß die traditionellen demokratischen Einrichtungen von den Bürgern nicht oder nur mehr wenig genützt werden. Der demokratische Staat und seine Träger, vor allem die Parteien, haben sich vom Souverän, dem Volk, entfernt. Nicht die mangelnde Bereitschaft der Bürger, ihr eigenes Schicksal selbst in die Hand zu nehmen, sondern die Loslösung der Einrichtungen der Demokratie – Parlamente, Parteien, Regierungen – wird als Ursache für die rückläufige Partizipationsbereitschaft gesehen (Künzli, S. 31 f.).

Anzeichen dieser abnehmenden Bereitschaft, die traditionellen Kanäle politischer Beteiligung zu nützen, gibt es in großer Zahl. Im Bereich der indirekten Demokratie kommt dies in der geringen Identifikation des Bürgers mit seinen Vertretern zum Ausdruck. Dem Bürger fehlt das Gefühl, daß das, was sich beispielsweise in den Parlamenten abspielt, tatsächlich in seinem Namen, für ihn, von ihm kontrolliert geschieht. Im Bereich der direkten Demokratie kommt dies gerade in den traditionellen, plebiszitären Einrichtungen etwa der Schweiz zum Ausdruck. Initiative und Referendum, von der Rechtsordnung genau festgeschrieben, werden von einer eher wachsenden Mehrheit der Bürger mißachtet.

Daß trotz der abnehmenden politischen Teilnahme Bürgerinitiativen an Zahl und Intensität zunehmen, kann als Beleg dafür gewertet werden, daß nicht eine wachsende Gleichgültigkeit der Bürger, sondern ein Ungenügen der demokratischen Einrichtungen die Ursache ist. Dem Bürger sind die traditionell angebotenen Möglichkeiten, politisch mitzubestimmen, offenbar zuwenig einladend; er bekommt nicht den Eindruck vermittelt, daß seine Interessen durch den parteienstaatlichen Parlamentarismus ausreichend vertreten werden, daß er die Mechanik des Repräsentativsystems entscheidend beeinflussen kann. Bürgerinitiativen sind ein Ventil, das die vorhandenen, in ihrer Gesamtheit nicht ausreichenden Ventile demokratischer Beteiligung bereichert.

These 3: Bürgerinitiativen als Antwort auf die Entfremdung zwischen Bürgern und Parteien. Dieser Erklärungsversuch ist eine Konkretisierung der These 2. Nicht die repräsentative Demokratie schlechthin, sondern die Parteien als Transmissionsriemen haben eine Entfremdung zwischen Wählern und Gewählten herbeigeführt. Die Parteien, an sich dazu da, zwischen den Entscheidungsträgern in den staatlichen Organen, in Parlamenten und Regierungen, und den Bürgern eine wechselseitige Kommunikation zu bewirken, erfüllen diese Aufgabe nur mehr unzureichend. Ursache dieses Funktionswandels der Parteien ist eine Änderung der Parteientypologie. Aus Organisationen, die ursprünglich weitgehend geschlossene Klassen oder Weltanschauungen vertreten haben, sind fast beliebig handelnde „Allerweltsparteien" geworden. Ihr Interesse ist fast ausschließlich auf den Wahlsieg gerichtet, den sie am besten durch eine möglichst wenig profilierte, durch eine möglichst unscharfe Politik allgemeiner Beliebigkeit erreichen können.

Bürgerinitiativen stoßen hier in die Lücke, die die Parteien aufgerissen haben. Bürgerinitiativen haben klar definierte Ziele, die Interessenlage der sie tragenden Initiatoren ist meistens ebenfalls klar definiert. Ihre Strategie, ihre Taktik sind eindeutig und scharf. Sie füllen so den Hohlraum, der dadurch entstanden ist, daß die Parteien programmatische Schärfe, grundsatzpolitische Eindeutigkeit verloren haben. Bürgerinitiativen sind die Antwort der Bürger darauf, daß die modernen Großparteien alle und alles vertreten, bis sich schließlich niemand mehr wirklich vertreten fühlt.

These 4: Bürgerinitiativen als Ausdruck des Bedeutungszuwachses lokaler „Graswurzeldemokratie". Bürgerinitiativen sind in ursächlichem Zusammenhang mit der verstärkten Bedeutung der lokalen Politik, der Politik in Gemeinden und Stadtteilen, zu sehen. Die Entscheidungen auf der untersten Ebene der Politik werden nicht mehr als bloße Durchführung, als gleichsam unpolitische Vorgänge gesehen; ihr politischer Charakter ist heute deutlicher geworden. Politischer Charakter, das heißt, daß die lokale Politik stärker in politische Konflikte miteinbezogen ist; auch, daß die Interessen der Bürger sich stärker von der lokalen Politik betroffen erweisen.

Der Ausdruck „Graswurzeldemokratie" weist auf eine Anknüpfung zu Traditionen der Demokratie in den USA. Dort gibt es, im Gegensatz zu den europäischen Staaten, eine lange Tradition weit ausgebauter kommunaler Selbstverwaltung. Diese schließt eine Tradition aktiver Bürgerbeteiligung mit ein. Dem entspricht, daß die Demokratie weniger als Organisationsform auf der Ebene des Staates, des Bundes gesehen wird; Demokratie ist mehr eine Lebensform, die sich in der kleinen, überschaubaren Einheit bewähren muß.

Bürgerinitiativen knüpfen an diese demokratische Tradition an. Sie bringen den Anspruch zum Ausdruck, daß das Mitbestimmungsrecht des Bürgers sich nicht nur bei regelmäßig wiederkehrenden Wahlvorgängen, bei der Wahl zentraler Parlamente äußern muß; daß vielmehr politische Teilnahme in der Demokratie auch unmittelbare Mitwirkung an den Wurzeln der Gesellschaft bedeutet. Die Fehlentwicklungen, die von den Bürgern direkt und schmerzhaft empfunden werden, sind vor allem Fehlentwicklungen im kommunalen, im lokalen Bereich – Probleme der Wohnung, der Schule, des Verkehrs, der Bodennutzung. Bürgerinitiativen zeigen ein gesteigertes Demokratiebewußtsein als Antwort auf Defizite im Wurzelbereich der Gesellschaft.

These 5: Bürgerinitiativen als Folgeerscheinung der Studentenbewegung. Das Aufleben von Bürgerinitiativen fällt mit der Studentenbewegung, vor allem mit deren Abklingen um 1970, zusammen. Gerade in den europäischen Staaten, in denen eine sehr starke Studentenbewegung vor 1970 vorhanden war, wie in Frankreich und in der Bundesrepublik Deutschland, sind auch Bürgerinitiativen stark ausgeprägt. Auch die soziale Schichtung der Bürgerinitiativen, die einen stark überproportionalen Anteil von Studenten und Akademikern aufweisen, macht einen solchen Zusammenhang plausibel (Dittberner, S. 194).

Die Studentenbewegung der sechziger Jahre in den westlichen Industriestaaten (Nordamerika, West- und Mitteleuropa, Japan) ist auch als Ausdruck eines radikaldemokratischen Anspruches zu sehen. Die Studentenbewegung – ein ähnlich schillernder Begriff wie der Begriff der Bürgerinitiative – war auch und vor allem motiviert, den Widerspruch zwischen demokratischen Verfassungen und demokratischen Grundsätzen auf der einen Seite und einer weniger demokratischen Praxis, einer weniger demokratischen Politik auf der anderen Seite aufzuheben.

Dieses an sich sehr radikale „Beim-Wort-Nehmen" der Demokratie zeichnet auch Bürgerinitiativen aus. Demokratie als Emanzipation von Fremdbestimmung, Demokratie als maximale Selbstbestimmung, dieses Verständnis steht hinter den Bürgerinitiativen. Nicht irgendwelche übergeordneten, von zentralen Einrichtungen als Gemeinwohl definierten Grundsätze haben die Politik zu leiten; die Politik hat unmittelbarer Ausfluß der Meinungen der freien, mündigen Bürger zu sein. Nicht irgendwelche vom einzelnen Bürger weit entfernte Volksvertreter sind der harte Kern der Demokratie, sondern das konkrete Volk, eben die aktiven Bürger selbst.

These 6: Bürgerinitiativen als Widerstand gegen die drohende ökologische Katastrophe. Daß Fragen des Umweltschutzes eine so wichtige Rolle bei Bürgerinitiativen spielen, zeigt die motivierende Funktion der Umweltproblematik für Bürgerinitiativen. Bürgerinitiativen stemmen sich gegen Entwicklungen, die, oft als „Sachzwang", als unausweichliche Gesetzmäßigkeit deklariert, die Lebensqualität des einzelnen Bürgers beeinträchtigen.

Das in den späten sechziger Jahren aufkommende Umweltbewußtsein, die wachsende Skepsis gegenüber einer technologischen Fortschrittsideologie, gegenüber einer ökonomischen Wachstumsideologie, alle diese Erscheinungen fallen mit dem verstärkten Auftreten von Bürgerinitiativen zusammen. Die Diskussion um den Bericht des „Club of Rome" kennzeichnet diesen Einschnitt. Bürgerinitiativen sind ein Instrument, das geänderte Bewußtsein, die wachsende Skepsis politisch umzusetzen. Fragen der Energieversorgung, der Luft- und Wasserversorgung, die bis dahin weitgehend als unpolitisch angesehen wurden, gelten nun verstärkt als politische Fragen und werden von Bürgerinitiativen auch als politisch thematisiert.

Dieser Zusammenhang von geändertem Umweltbewußtsein und von Bürgerinitiativen ist besonders bei den Initiativen gegen Atomkraftwerke greifbar. Die Kraftwerke, die etwa in Frankreich und in der Bundesrepublik Deutschland Gegenstand massiver Protestaktionen von Bürgerinitiativen geworden sind, gehen noch auf Planungsentscheidungen zurück, die vor der Änderung des Umweltbewußtseins getroffen worden sind. Vor 10, 15 Jahren noch als weitgehend unpolitisch eingestuft, sind diese Fragen heute, da die Folgen der Entscheidungen zum Tragen kommen, politische Streitfragen geworden. Bürgerinitiativen sind Instrumente der Politisierung von gesellschaftlichen Bereichen, die bis dahin als unpolitisch eingestuft worden sind.

These 7: Bürgerinitiativen als Rebellion gegen den „Technofaschismus". Diese These wertet Bürgerinitiativen nicht bloß als Teilprotest gegen Teilaspekte bestehender Zustände, sondern als Generalprotest gegen den gesellschaftlichen Zustand in seiner Gesamtheit. Dieser Deutung entsprechend sind Bürgerinitiativen nicht bloß reformistische evolutionäre Instrumente; sie sind auch potentielle revolutionäre Instrumente.

Der Begriff des „Technofaschismus" beinhaltet zwei Ansatzpunkte: einmal, daß mit Berufung auf eigengesetzliche Technik die Gesellschaft gesteuert wird; weiters, daß diese Entwicklung faschistische Züge annimmt. Tatsächlich findet sich bei vielen Bürgerinitiativen, insbesondere auch bei Bürgerinitiativen gegen Atomkraftwerke, ein neuartiges, weitgespanntes, antifaschistisches Selbstverständnis. In der Sicht mancher Initiatoren von Bürgerinitiativen ist der aktuelle Faschismus nicht durch Einparteiensystem und direkte, personale Gewalt und Unterdrückung gekennzeichnet. Der aktuelle Faschismus kann, durchaus im Rahmen einer gewissen Garantie der Grundrechte und der Verfassung, durchaus in einem Mehrparteiensystem und bei freien Wahlen existieren.

Hinter dieser letzten Deutung von Bürgerinitiativen steht ein Gesellschaftsverständnis, das jenseits der Einstellungen der traditionellen politischen Kräfte anzusiedeln ist, jenseits auch der großen marxistischen Parteien. Ein so weit gespannter Faschismusbegriff, der zwischen den Systemen eines Hitler und eines Mussolini und den westlichen Mehrparteiensystemen prinzipielle Gemeinsamkeiten, eine grundsätzlich gemeinsame Basis sieht, ist außerhalb des Demokratieverständnisses, das vom freien Spiel der Kräfte gekennzeichnet ist. Tatsächlich findet sich in manchen Bürgerinitiativen eine Einstellung, die – in Frankreich als „gauchistisch", in der Bundesrepublik Deutschland als „maoistisch" oder „chaotisch" bezeichnet – die bestehenden politischen Formen, die Parteien und das gesamte Repräsentativsystem nicht nur verändern will, sondern es voll-

Tabelle 5: Erklärungsversuche des Phänomens Bürgerinitiative

ausgelöst durch: Veränderungen des politischen (sozialen) Systems

Veränderungen des Bewußtseins der Bürger?	keine Veränderungen	Veränderungen
keine Veränderungen	These 1: „Frühwarnsystem"	These 2: „Abnehmende Partizipationstemperatur" These 3: „Entfremdung zu Parteien" These 4: „Graswurzeldemokratie"
Veränderungen	These 5: „Studentenbewegung"	These 6: „Ökologische Katastrophe" These 7: „Technofaschismus"

ständig ablehnt. Nach diesem Verständnis von Gesellschaft und Demokratie sind Bürgerinitiativen nicht Korrektiv bestehender Zustände, sondern Vorboten einer totalen Umstülpung der Gesellschaft.

Die in diesen sieben Thesen formulierten Erklärungsversuche können nach zwei Gesichtspunkten geordnet werden. (Vgl. Tabelle 5.)

Die eine Unterscheidung ist auf den Zustand des Bewußtseins der Bürger bezogen. Einige Thesen – die These 1, 2, 3, 4 – gehen von einem Bewußtseinsstand aus, der nicht grundsätzlich von dem verschieden ist, der vor dem starken Aufkommen der Bürgerinitiativen geherrscht hat; die Thesen 5, 6, 7 nehmen hingegen einen grundsätzlich veränderten Bewußtseinsstand an.

Die andere Unterscheidung ist auf den Zustand des politischen Systems bezogen. Die Thesen 1, 5 nehmen keine prinzipielle Veränderung des Zustandes der westlichen Demokratien gegenüber der Situation vor der großen Zahl von Bürgerinitiativen an. Die Thesen 2, 3, 4, 6, 7 gehen von mehr oder minder umfangreichen politischen und gesellschaftlichen Veränderungen aus, die im wesentlichen in der Verringerung demokratischer Mitwirkungsmöglichkeiten bestehen oder eine solche Verringerung zur Folge haben.

Die Frage, ob Bürgerinitiativen eine wesentliche Veränderung der bestehenden Demokratie und der gegebenen politischen Zustände bringen, muß mit einem Sowohl-Als-auch beantwortet werden. Wie bei den Verbänden allgemein kann auch bei Bürgerinitiativen als Sonderform der Verbände zwischen zwei Versuchen unterschieden werden, die Auswirkungen auf das gesamte politische System zusammenzufassen (Narr, Naschold, S. 204ff.).

Der erste Versuch ist das „pressure-group"-Modell. Bürgerinitiativen sind demnach Versuche, von außen auf das politische System einzuwirken. Durch Druckausübung sollen die Entscheidungsträger zu einem bestimmten Handeln oder Unterlassen gebracht werden. Die Bürgerinitiativen werden als Mittel zur Veränderung der Politik, auch als

Mittel zur Veränderung des gesamten politischen Systems gesehen.

Der zweite Versuch ist das systemtheoretische Modell. Das politische System wird hier als sozialer Organismus gedeutet, der mit verschiedensten Techniken sich im Gleichgewicht hält. Parteien und Verbände sind die wichtigsten dieser Einrichtungen, die der Erhaltung des Systems dienen. Bürgerinitiativen sind demnach ein relativ neues Mittel, das dazu dient, mögliche Gegner frühzeitig einzubinden und so Gefährdungen zu vermeiden. Bürgerinitiativen sind Mittel zur Erhaltung von Politik, auch zur Erhaltung des gesamten politischen Systems.

Grundsätzlich sind beide Betrachtungsweisen berechtigt. Das eher dynamisch angelegte „pressure-group"-Modell ebenso wie das eher statisch angelegte systemtheoretische Modell – beide liefern Hinweise, wie Bürgerinitiativen im Gesamtzusammenhang mit anderen, älteren, auch stabileren Einrichtungen wirken.

Bürgerinitiativen dürfen nicht eindimensional gesehen werden. Weder sind sie Instrumente, die primär dazu da sind, bestehende politische Zustände von Grund auf zu ändern, gleichgültig, ob eine solche radikale Änderung positiv oder negativ zu beurteilen wäre, noch sind aber Bürgerinitiativen dazu da, ausschließlich bestehende Zustände zu stützen, herrschenden Interessen ein neues Mittel zur Stabilisierung ihrer Herrschaft zu sein, wiederum gleichgültig, ob diese herrschenden Interessen positiv oder negativ bewertet werden.

Bürgerinitiativen sind Instrumente, die grundsätzlich in beide Richtungen wirken können. Sie sind, unter bestimmten Voraussetzungen, ein Mittel der Veränderung; sie sind, unter anderen Voraussetzungen ein Mittel der Erhaltung.

2. Typologie von Bürgerinitiativen

Bürgerinitiativen treten in den verschiedensten Formen auf, sie haben verschiedene Intentionen, sie agieren auf verschiedenen Ebenen, sie verwirklichen verschiedene Organisationsmodelle. Bürgerinitiative ist nicht gleich Bürgerinitiative; genausowenig wie Partei gleich Partei ist.

Trotz der Vielfalt der Erscheinungsformen können Bürgerinitiativen nach verschiedenen Merkmalen geordnet werden. Obwohl hinter dem Begriff „Partei" höchst unterschiedliche Inhalte verborgen sein können, gibt es eine Parteientypologie. Ebenso kann aus der bunten Vielfalt dessen, was sich hinter dem Begriff „Bürgerinitiative" verbirgt, eine Typologie von Bürgerinitiativen erstellt werden.

Im Gegensatz zu Typologie der Parteien muß eine Typologie der Bürgerinitiativen unscharf bleiben. Denn Parteien werden dadurch zu einer gewissen Einheitlichkeit gezwungen, daß sie, ihrem Wesen nach, sich an Wahlen in Vertretungskörperschaften (Parlamente) beteiligen müssen. Eine so eindeutig definierbare und Gemeinsamkeiten erzeugende Funktion weisen Bürgerinitiativen nicht auf. Die Grenzziehung zwischen Bürgerinitiativen und anderen Formen politischer Verbände kann nicht mit derselben Eindeutigkeit vorgenommen werden wie die Grenzziehungen zwischen Parteien und Verbänden schlechthin. Daß der Begriff „Bürgerinitiative" fließende Grenzen hat, bedeutet auch, daß die Typologie von Bürgerinitiativen fließend sein muß.

Bürgerinitiativen können nach verschiedenen Merkmalen eingeteilt werden. Die Einteilung ergibt sich aus den Antworten auf folgende Fragen:
- Ist die Bürgerinitiative initiativ im engeren Sinn, oder ist sie eine Antwort auf andere Initiativen von Parteien, Parlamenten, Verwaltung, Verbänden, anderen Bürgerinitiativen?

- Auf welcher Ebene des politischen Systems sind die Adressaten der Bürgerinitiative, auf lokaler, regionaler, nationaler, internationaler Ebene?
- Was ist das Gesellschaftsbild, das hinter der Bürgerinitiative steht; ist es mit der bestehenden Gesellschaftsordnung identisch, oder unterscheidet es sich wesentlich von den bestehenden Zuständen?
- Wer trägt eine Bürgerinitiative, wer bewegt sie; eine relativ überschaubare, eher kleine Gruppe von Aktivisten oder eine große Zahl von Bürgern?

Je nach Beantwortung dieser Fragen können folgende Formen von Bürgerinitiativen unterschieden werden:
- aktiven und reaktiven Bürgerinitiativen,
- lokalen und überlokalen Bürgerinitiativen,
- gesellschaftsbewahrenden und gesellschaftsverändernden Bürgerinitiativen,
- Masseninitiativen und Honoratioreninitiativen.

Die unausweichliche Unschärfe von Einteilungen sozialer, insbesondere auch politischer Organisationsformen im allgemeinen, von Bürgerinitiativen im besonderen macht Grenzüberschreitungen zwischen diesen Typen ebenfalls unausweichlich. Bürgerinitiativen können nicht so eingeteilt werden wie juristische Personen einer bestimmten Rechtsordnung. Sie sind lebendige, dynamische, ständig in Entwicklung befindliche Organismen des politischen Prozesses. Sie verändern diesen Prozeß und werden von ihm verändert. Die Zuordnung einzelner Bürgerinitiativen zu den Formen der Typologie ist daher im Regelfall nicht endgültig, diese Zuordnung kann immer wieder hinterfragt werden.

Dennoch erlaubt eine solche Typologie ein besseres Verstehen von Bürgerinitiativen. Vergleiche zwischen verschiedenen Initiativen werden möglich, Analogien können sinnvoll formuliert werden, Strategien können besser entworfen und Erfolgsaussichten besser abgeschätzt werden. Die Typologie von Bürgerinitiativen ist ein Hilfsmittel sowohl für den engagierten als auch für den distanzierten Beobachter.

2.1 Aktive und reaktive Bürgerinitiativen

Die Motivation für eine aktive Bürgerinitiative ist ein Unterlassen – die Motivation für eine reaktive Bürgerinitiative ist ein Tun. Aktive Bürgerinitiativen versuchen, die Adressaten zu bestimmten Handlungen zu veranlassen. Reaktive Bürgerinitiativen versuchen, bestimmte, bereits angekündigte oder auch schon gesetzte Handlungen entweder rückgängig zu machen oder umzuwandeln oder aber auch gegen den Widerstand anderer Interessen zu stützen.

Ein modellartiges Beispiel für die Vorgangsweise einer aktiven Bürgerinitiative bietet die ,,Aktion Kinderspielplatz", die eine Interessengemeinschaft in Hasenbergl-Nord am Stadtrand von München durchgezogen hat. Ausgangslage war, daß Hasenbergl-Nord zu den einkommensschwächsten Siedlungen Münchens zählt. Die 1969 gegründete, 1971 in Vereinsform übergeführte Interessengemeinschaft arbeitete eng mit Sozialarbeitern, christlichen Mitarbeitern und Studenten zusammen. Es kam zu mehreren Konflikten mit Stadträten. Durch Vermittlung eines SPD-Mitglieds konnte die Interessengemeinschaft einen direkten Kontakt mit dem Oberbürgermeister herstellen. Dieser Kontakt führte dazu, daß der Interessengemeinschaft die notwendigen Mittel für die Errichtung eines gewünschten Kinderspielplatzes zugesagt wurden und dieser Spielplatz auch errichtet wurde, wobei die Betroffenen ein gewisses Mitspracherecht nützten (Höbel, Seibert, S. 135ff.).

Ein von den Entscheidungsträgern vernachlässigtes Gebiet konnte durch den kombinierten Einsatz von unmittelbar Betroffenen und ,,idealistisch" Engagierten bewußtgemacht werden: durch Ausnutzung zwischen- und innerparteilicher Konflikte. Der Kontakt zum Umwegadressaten Oberbürgermeister und die Erwartung einer politischen Partei, durch Aufgreifen der Initiative eine für sie günstige Optik zu erreichen, ermöglichten den Erfolg. Die Entscheidungsträger (Stadtverwaltung, SPD) wurden von der Bürgerinitiative zu einem bestimmten Tun veranlaßt, zu einer Leistung, die sie ohne die Aktivität der Initiatoren nicht oder noch nicht erbracht hätten.

Reaktive Bürgerinitiativen treten in zwei Erscheinungsformen auf. Sie können eine negative Antwort auf Handlungsversuche der Entscheidungsträger sein, dann zielen sie auf die Verhinderung oder Rücknahme dieser Handlungen. Reaktive Bürgerinitiativen können auch eine positive Antwort auf Handlungsversuche der Entscheidungsträger sein, dann wollen sie diese Handlungen gegen bestimmte Widerstände unterstützen und den Handlungserfolg sicherstellen.

Ein Beispiel für die Vorgangsweise reaktiver Bürgerinitiativen und gleichzeitig ein Beispiel dafür, daß der positive und der negative Charakter solcher Bürgerinitiativen ineinander übergehen können, ist der im Jahre 1973 in Nordrhein-Westfalen durchgeführte Käuferstreik. Auslösend waren unterschiedliche Fleischpreise, die von den Konsumenten teilweise als extrem überhöht betrachtet wurden. Organisiert von zwei Betroffenen, von zwei Hausfrauen, wurde zum Boykott verschiedener Fleischsorten aufgerufen. Unterschriften wurden gesammelt, die Presse wurde aufmerksam gemacht. Die gesamte Organisation machte aus einer spontanen Idee eine lokale, schließlich eine regionale Bürgerinitiative (Kirsch, Nickolmann, S. 61).

Bis zu diesem Zeitpunkt war der Fleischboykott sowohl eine reaktive als auch eine negative Bürgerinitiative. Durch das starke Echo, das die Aktion – vermittelt durch Massenmedien – in der Öffentlichkeit hatte, veranlaßt wohl auch durch das durchweg positive Echo, schaltete sich der Wirtschaftsminister des Landes ein. Er erklärte sich mit dem Boykott solidarisch und sprach sich für eine Schärfung des Konsumentenbewußtseins aus. Gegenüber der dabei zum Ausdruck kommenden Politik einer Partei (FDP) und der Landesregierung wechselte der Charakter der reaktiven Bürgerinitiative von negativ auf positiv. Die Entscheidung des Ministers, in der Öffentlichkeit für preisdämpfende Verhaltensformen einzutreten, fand in der Aktion der

Hausfrauen eine positive Antwort. Der Wirtschaftsminister, motiviert durch sein Interesse an öffentlichkeitswirksamen Auftritten, und die Bürgerinitiative bildeten ein Bündnis gegen den Handel, der für die überhöhten Preise verantwortlich gemacht wurde.

Bei einer Untersuchung von etwa 300 Bürgerinitiativen im Ruhrgebiet wurde festgestellt, daß aktive und reaktive Bürgerinitiativen etwa gleich stark vertreten sind. Gleichzeitig wurde festgestellt, daß Bürgerinitiativen mit Schwerpunkten, die stärker wirtschaftspolitische Fragen betreffen, eher reaktiv sind – Bürgerinitiativen hingegen, die eindeutig nichtökonomische Schwerpunkte haben, sind eher aktiv. Vor allem Themen des Umweltschutzes sind kaum Gegenstand aktiver, sondern meistens Gegenstand reaktiver Bürgerinitiativen. Themen der Erziehung und Bildung hingegen sind die wichtigsten Schwerpunkte aktiver Initiativen (Borsdorf-Ruhl, S. 67).

Dieser Zusammenhang zwischen Form (aktiv–reaktiv) und Inhalt (ökonomisch–nichtökonomisch) ist Ausdruck der Steuerbarkeit politischer Probleme. Fragen des „Unterbaus" entziehen sich weitgehend einer direkt demokratischen Bestimmung, Fragen des „Überbaus" sind hingegen einer solchen direkt demokratischen Lenkung relativ leicht zugänglich.

Hinter diesem Zusammenhang steht nicht Gleichgültigkeit gegenüber ökonomischen Problemen. Der Hintergrund wirtschaftlicher Entscheidungen ist jedoch ganz allgemein komplexer, weniger durchschaubar, so daß der einzelne, interessierte Bürger nicht selbst eine bestimmte Gestaltung anstrebt; jedoch neigt er zunehmend dazu, von oben kommende Gestaltungsversuche kritisch zu überprüfen und ihnen auch Widerstand zu leisten.

Dieser Zusammenhang zwischen Form und Inhalt zeigt auch, daß die Einteilung in aktive und reaktive Initiativen keineswegs parallel zu der Einteilung in gesellschaftsverändernde und gesellschaftsbewahrende Initiativen ist. Das „Nein", das die Aussage negativer, reaktiver Bürgerinitiativen ist, ist keineswegs von vornherein ein „Ja" zu bestehenden Zuständen. Hinter einem solchen „Nein" kann, wie abermals die Bürgerinitiativen gegen Atomkraftwerke zeigen, ein weit über die bestehende Gesellschaftsordnung hinausreichendes Ziel stehen. Ebenso kann das „Ja", das die Aussage aktiver und auch positiver, reaktiver Bürgerinitiativen ist, keineswegs einfach mit einer grundsätzlichen Neuerungsabsicht gleichgesetzt werden. Der Wunsch, die Verkehrssituation von Schulwegen zu verbessern, berührt zum Beispiel überhaupt nicht die Grenzen bestehender politischer und wirtschaftlicher Systeme.

Negative, reaktive Bürgerinitiativen sind viel weniger als andere Initiativen mit einer festen Organisation ausgestattet. Daraus läßt sich schließen, daß das Maß an Spontaneität bei diesen auf Verhinderung gerichteten Initiativen größer ist als bei anderen; daß aktive oder positive, reaktive Initiativen eher Arbeitsteilung und Organisation verlangen. Das Motiv des Verweigerns und des Verhinderns, das hinter negativen, reaktiven Initiativen steht, begründet Bürgerinitiativen, die strukturell von den stark gegliederten, fest organisierten Organisationsformen der Parteien und Verbände besonders weit entfernt sind. Aktive sowie positive, reaktive Bürgerinitiativen sind in ihrer Struktur Parteien und Verbänden jedenfalls ähnlicher als negative, reaktive.

Negative, reaktive Initiativen zeigen die Besonderheiten, die Bürgerinitiativen von Parteien und (anderen) Verbänden unterscheiden, noch deutlicher, als dies andere Formen von Initiativen vermögen. Sie zeigen den wichtigen Aspekt des Protestes, des Nein-Sagens, der auch in der Studentenbewegung und in den radikaldemokratischen Strömungen sichtbar war, die in den sechziger Jahren entstanden sind. Das Nein-Sagen, der Protest, verbindet Bürgerinitiativen mit dem Konzept der „großen Verweigerung", das wesentlicher Teil einer weltweiten Aufbruchsstimmung war. Diese Welle, zugespitzt in der Bewegung gegen den Krieg in Vietnam, in der Revolte des Mai 1968 in Frankreich, in der Rebellion an den Universitäten, aber auch im Prager Frühling, war noch vielschichtiger und noch schwieriger einzuordnen als das Phänomen Bürgerinitiative. Gemeinsam war allen diesen Erscheinungen aber das klare, radikale Nein gegen bestehende Zustände, gegen herrschende Interessen. Diese ideengeschichtliche Herkunft der Bürgerinitiativen wird bei den Nein-Sagenden, protestierenden, reagierenden Initiativen sichtbar gemacht.

Peter Bachrach und Morton S. Baratz schildern bei ihrer Untersuchung der Machtverteilung in der Stadt Baltimore, daß bei jeder Analyse von Macht nicht nur die Macht zu berücksichtigen ist, die im Entscheiden besteht, sondern auch die Macht, deren Kern das Nichtentscheiden ist. Machtausübung durch Verhinderung von Entscheidungen – diese Technik ist typisch für informelle Kanäle, für nicht sichtbare Einflüsse, für Regeln, die jenseits demokratischer Kontrollen sind.

Diesem Muster einer weitgehend informellen Veto-Macht folgend, ist die Machtausübung durch Nichtentscheidung eher ein Instrument privilegierter Interessen, ein Instrument derjenigen, die bestehende Zustände aufrechterhalten wollen. Wer neue Maßnahmen etwa der Sozialpolitik verhindern will, wer staatliche Umverteilung vermeiden will, bedient sich der kaum sichtbaren Veto-Macht.

Negative, reaktive Bürgerinitiativen sind ebenfalls ein Instrument der Veto-Macht. Im Gegensatz zu der vor dem Aufkommen der Bürgerinitiativen üblichen Variante der Machtausübung durch Verhinderung von Entscheidungen sind jedoch Bürgerinitiativen zumindest potentiell demokratisch, zumindest potentiell offen und kontrollierbar. Bürgerinitiativen, die auf ein bestimmtes Vorhaben reagieren und dieses verhindern wollen, sind eine demokratisierte Form der informellen Veto-Macht. Nicht die Interessen einer eher kleinen Zahl von Bürgern, die Verbindungen, persönliche Kontakte zu Entscheidungsträgern wirksam zu nutzen verstehen, bilden die Grundlage solcher Initiativen. Zumindest von ihrem Anspruch her sind Bürgerinitiativen offen und demokratisch; sie müssen die Öffentlichkeit suchen, sie sind daher grundsätzlich von der Öffentlichkeit kontrollierbar; sie müssen sich auf die Demokratie berufen, sie können daher an demokratischen Maßstäben gemessen werden.

2.2 Lokale und überlokale Bürgerinitiativen

Bürgerinitiativen sind vor allem Begleiterscheinungen lokaler Politik; jener Politik, die auf der Ebene der Gemeinden, teilweise – vor allem in Großstädten – auch unterhalb der kommunalen Ebene, in den Stadtteilen, angesiedelt ist. Der Bedeutungszuwachs direkter Demokratie im allgemeinen, der Bürgerinitiativen im besonderen und der Bedeutungszuwachs lokaler Politik gehen Hand in Hand.

Dennoch können Bürgerinitiativen nicht ausschließlich von der lokalen Politik her gedeutet werden. Gerade die für die Strategie und Taktik vorbildhaften Aktionen, wie etwa die US-Bürgerrechtsbewegung, gingen weit über den lokalen Rahmen hinaus.

Dieser den lokalen Politikbereich übersteigende Rahmen schließt wiederum mehrere Ebenen mit ein: vor allem die nationale, staatliche Ebene; in föderativen Systemen auch die Ebene der Länder; zwischen Ländern und Kommunen die Ebene der Regionen, Kreise, Bezirke; und schließlich über der nationalen, staatlichen Ebene die Ebene der transnationalen Politik (wie etwa die Europäische Gemeinschaft) sowie die Ebene der internationalen Politik.

Bei einer Einteilung der Bürgerinitiativen in lokale und überlokale ist zu unterscheiden, ob die Einteilung nach dem Adressaten oder aber nach den Initiatoren erfolgt. Es lassen sich drei Hauptformen unterscheiden:
– Initiativen, die lokal organisiert sind und auf einen lokalen Adressaten zielen;
– Bürgerinitiativen, die lokal organisiert sind und auf einen überlokalen Adressaten zielen;
– Bürgerinitiativen, die überlokal organisiert sind und auf einen überlokalen Adressaten zielen.

In die erste Gruppe von Initiativen mit lokalen Initiatoren und lokalen Adressaten fällt die große Zahl aller Bürgerinitiativen. Meistens gehen Bürgerinitiativen vom überschaubaren Raum unmittelbarer Nachbarschaft aus, artikulieren das dort vorhandene Interesse und richten sich auf Entscheidungsträger, die zumindest teilweise in der Kommunalpolitik, nur ausnahmsweise auch in der Landes- und Bundespolitik verankert sind. Die meisten Beispiele, die die Medien erwähnen, sind solche lokale Initiativen im engsten Sinn.

Lokale Initiativen nur mehr im weiteren Sinn sind solche, die zwar lokale Interessen organisieren, die aber vorwiegend oder ausschließlich auf Entscheidungsträger einer höheren Ebene zielen. Gerade im Bereich des Umweltschutzes lassen sich hier Anschauungsbeispiele finden. So sind die verschiedenen Bürgerinitiativen im Großraum München, die mit der Planung eines neuen Großflughafens zusammenhängen, Ausdruck lokaler Interessen. Da die Planungsentscheidung aber auf der Landesebene liegt, die lokale Ebene ohne Entscheidungskompetenz ist, sprengen diese Initiativen von ihrer Auswirkung her den lokalen Rahmen.

Die Bürgerinitiativen in der Umgebung Münchens waren immer negativ und reaktiv zugleich. Sie richteten sich gegen einen möglichen Standort des Flughafens in der eigenen, engeren Umgebung. Nicht ein bestimmter, konkreter Standort war das Ziel; sondern die Verhinderung eines solchen Standortes in der eigenen Nachbarschaft. Nicht die lokalen Parteien und die kommunale Verwaltung waren Adressaten, sondern die Regierung des Staates Bayern, der Landtag und die Parteien des Landtages. Die Initiatoren wußten von Anfang an, daß die Entscheidung über den Standort und damit über die Berücksichtigung ihrer (negativen) Interessen nicht in der eigenen, kleinen Gemeinde fallen konnte, sondern auf Landesebene (Grauhan, Linder, S. 121 ff.).

Deshalb mußten diese Initiativen auch eine Strategie entwerfen und entsprechende Taktiken anwenden, die eine überlokale Öffentlichkeit beeindrucken sollten. Eine Veto-Position ist bei einer solchen Differenz zwischen der eigenen, beschränkten, lokalen Ebene und der überlokalen, staatlichen Ebene des Adressaten nur mit großer Anstrengung zu erreichen.

Ein Beispiel für eine von vornherein überlokal organisierte und auch auf einen überlokalen Adressaten zugeschnittene Initiative ist die Kampagne der „Frauenaktion 70" gegen den § 218 in der Bundesrepublik Deutschland. Es wurden Interessen angesprochen, es wurden Ziele artikuliert, es wurde eine Öffentlichkeit hergestellt, es wurden Adressaten unter Druck gesetzt, die alle ohne lokale Begrenzung waren. Alle Frauen in der Bundesrepublik sollten als Betroffene angesprochen werden; das Ziel war ein Gesetz, das für die gesamte Bundesrepublik Geltung haben sollte; dieses Gesetz konnten nur Parteien bundesweit, im Bundestag, beschließen; die für die Druckausübung benutzte Öffentlichkeit war, etwa durch das überlokale Medium Fernsehen, ebenfalls bundesweit.

Ein weiteres Beispiel für überlokal organisierte und überlokal intendierte Bürgerinitiativen ist die „Charta 1977" in der ČSSR. Initiatoren, deren Interessen in keiner Weise lokal eingeschränkt waren, wandten sich an die Spitzen des Staates und der Einheitspartei. Die Öffentlichkeit, die benutzt werden sollte, war die nur halb formelle Öffentlichkeit des Einparteiensystems und, ergänzend und unterstützend, die internationale Öffentlichkeit. Mit Berufung auf die Schlußakte von Helsinki wurde das eigene herrschende System an seinen theoretischen Anspruch erinnert, überdies wurden die außenpolitischen Interessen der ČSSR und der Sowjetunion angesprochen.

Bürgerinitiativen sind ein Element direkter Demokratie. Daß Bürgerinitiativen vor allem im lokalen Politikbereich in Erscheinung treten, ergibt sich aus Umständen, die der Demokratie in der kleinen Einheit förderlich sind. Die demokratischen Vorzüge der Beteiligung in der kleinen Gruppe hängen mit der Überschaubarkeit dieses Bereiches zusammen. Die Überschaubarkeit ermöglicht vor allem zwei Erscheinungen, die auf einer höheren Politikebene und in einer größeren Gruppe nicht oder nicht in diesem Umfang möglich wären: ein relativ geringes Maß an Arbeitsteilung, das heißt an Hierarchie in der Gruppe – und das bedeutet ein relativ großes Maß an Gleichheit –, und die Möglichkeit des Lernens von Konflikten, der Einübung in demokratische Konfliktlösung.

Kleine Einheit, kleine Gruppe: diese Kennzeichen lokaler Bürgerinitiativen lassen ein Gruppenbewußtsein zu, das etwa in modernen Großparteien oder Großverbänden nicht möglich ist. In den Parteien und Verbänden findet der einzelne Staatsbürger Apparate vor, Bürokratien, die – an politischer Effizienz und an zwischenparteilicher Konkurrenz orientiert – dem einzelnen Mitglied oder Wähler nur wenig tatsächliche Mitwirkungsmöglichkeiten zu bieten scheinen.

In der lokalen Bürgerinitiative ist schon rein quantitativ die Relation zwischen Gruppe und Individuum eine für politische Teilnahme günstigere. Die Ausbildung von Bürokratien, von professionellen Eliten, von beamteten Sekretären und angestellten Experten ist bei diesen Bürgerinitiativen nicht oder kaum festzustellen. Der Abstand zwischen Spitze und Basis, zwischen Vertretern und Vertretenen ist gering. Das Gewicht, das dem einzelnen zukommt, ist vergleichsweise groß.

Durch diese günstige Relation entstehen besondere Gruppennormen, die demokratische Mitwirkung über eine bloße Minimalteilnahme hinaus möglich machen. Das Verhältnis einer politischen Handlung, die der einzelne setzt, zu dem Ergebnis dieser Handlung ist relativ einsichtig und kontrollierbar. Das Erlebnis politischer Entfremdung kann eher vermieden werden.

Die Unmittelbarkeit und Überschaubarkeit des lokalen Politikbereiches und der lokalen Bürgerinitiativen erlauben es auch, hier Konflikte gleichsam experimentell einzuüben. Reimer Cronemeyer formuliert deshalb auch ein „Plädoyer für die Froschperspektive", für ein Lernen im Konflikt und durch den Konflikt. Das Erlebnis einer lokalen Bürgerinitiative und der damit verbundenen Auseinandersetzungen wird zur gelebten politischen Bildung. Bürgerinitiativen sind in dieser Sicht Methoden der Einübung in demokratisches Verhalten.

Die „Froschperspektive" soll nicht nur Verhaltensformen des mündigen Bürgers vermitteln, sondern auch eine möglichst wirklichkeitsnahe Sicht der Gesellschaft. Die Illusionen einer konfliktfreien oder konfliktarmen Gesellschaft, die durch bestimmte Formen der Sozialisation weitergegeben werden, können durch das Erlebnis in einer Bürgerinitiative durchbrochen werden. Die Gesellschaft und ihre Konflikte werden modellhaft in der Bürgerinitiative erlebt. Lokale Bürgerinitiativen sind ein Manöverfeld für Konfliktaustragung und ein Spiegelbild der Gesellschaft.

Alle diese Argumente, die zugunsten lokaler Bürgerinitiativen anzuführen sind, müssen jedoch mit einem Gegenargument konfrontiert werden. Der lokale Politikbereich bietet eine Mikroperspektive. Er reduziert die Probleme der Gesellschaft von heute auf die Probleme, die im Stadtteil, in der Gemeinde sichtbar und spürbar sind. Die Makroperspektive, die Probleme von Krieg und Frieden, die Probleme der internationalen Staatenwelt und der Weltwirtschaft, kommt dabei nur insofern zur Geltung, als sie sich lokal niederschlägt.

Dieser Gegensatz zwischen Mikroperspektive und Makroperspektive läßt zwei Schlußfolgerungen zu. Die optimistische Folgerung formuliert Johan Galtung. Er schreibt von einem „Transfereffekt". Bürger, die sich in ihrem unmittelbaren lokalen Bereich politisch eingesetzt haben, werden mündig, sie lernen politische Zusammenhänge besser erkennen und sind so eher für Probleme der überlokalen, insbesondere auch der internationalen Politik sensibilisiert.

Die pessimistische Schlußfolgerung nimmt einen Privatisierungseffekt an. Bürger, die durch ihre unmittelbaren lokalen Bedürfnisse zu Initiativen motiviert sind, konzentrieren sich zunehmend auf ihre unmittelbar erlebbare und von ihnen auch unmittelbar bestimmte Umwelt. Das Ergebnis eines lokalen politischen Engagements wäre, wenn dieser Privatisierungseffekt vorherrscht, kein zunehmendes, sondern ein abnehmendes Interesse an Fragen der „großen" Politik.

Welche der beiden möglichen Folgerungen – der optimistische „Transfereffekt" oder der pessimistische „Privatisierungseffekt" – tatsächlich eher eintritt, kann nicht mit Sicherheit gesagt werden. Freilich ist gegenüber einer gewissen Euphorie Skepsis angebracht. Bürgerinitiativen können nicht schlechthin als Vehikel allgemeiner Politisierung, allgemeiner politischer Aufbruchsstimmung eingesetzt werden. Die Möglichkeit des Umschlagens, der Rückkehr in das Private ist immer auch mitzudenken.

Dieses Spannungsfeld zwischen einer möglichen Politisierung und einer ebenso möglichen Privatisierung durch direkte Demokratie im lokalen Bereich läßt sich vor allem in der Demokratie beobachten, in der die weitgehende Autonomie der kleinen politischen Einheit einen hohen demokratischen Stellenwert besitzt und oft mit Demokratie schlechthin gleichgesetzt wird. In der Tradition der US-amerikanischen Demokratie hat die Vorstellung einer möglichst selbständigen Verwaltung nicht nur der Städte und Gemeinden, sondern auch der unmittelbaren Wohnbereiche eine lange Tradition. Unter dem Stichwort „Nachbarschaftsregierung" und „Nachbarschaftsdemokratie" werden auch aktuell Reformmöglichkeiten angeboten, die den Zentralisierungstendenzen entgegenarbeiten sollen, die auch in den USA festzustellen sind.

Diese starke Betonung lokaler Demokratie fördert die Entstehung politischer Rollen, die auch für das Mitbestimmungskonzept von Bürgerinitiativen bedeutungsvoll sind. Je nachdem, ob eine solche lokale politische Rolle an der Nachbarschaft oder an der (überlokalen) Regierung orientiert ist und ob sie am Gedanken der Dienstleistung oder am Gedanken der Macht ausgerichtet ist, können verschiedene Stile von Nachbarschaftspolitik unterschieden werden. (Vgl. Tabelle 6.)

Tabelle 6: Vier Stile der Führerschaft in der Nachbarschaftspolitik (nach Yates, S. 91)

	Orientierung an Dienstleistung	Macht
Nachbarschaft	Unternehmer	Gemeinschaftsarchitekt
Orientierung an Regierung	Volksanwalt	Protestierender

Die Rolle des Unternehmers ist, unmittelbar zuzupacken, sofort zu handeln. Es ist eine extrem aktivistische Rolle. Die Rolle des Volksanwaltes ist es, die Interessen der Nachbarschaft, des lokalen Politikbereiches gegenüber den höheren Politikebenen zu vertreten. In das an sich direkt demokratische Konzept kommen hier bereits starke Elemente indirekter Demokratie. Die Rolle des Protestierenden mischt ebenfalls eine stark repräsentative Komponente mit der plebiszitären Komponente der Nachbarschaftsdemokratie. Sie ist jedoch entsprechend der Typologie der Bürgerinitiativen nicht aktiv, sondern reaktiv angelegt. Die Rolle des Gemeinschaftsarchitekten vernachlässigt wiederum bewußt die Bezüge zur überlokalen Politikebene. Der Gemeinschaftsarchitekt strukturiert die Nachbarschaft, den engsten lokalen Politikbereich, er schafft gleichsam ein politisches Subsystem im Stadtteil, im Wohnbereich.

Diese Rollenvielfalt läßt sich auf die Bedürfnisse von Bürgerinitiativen übertragen. Bürgerinitiativen benötigen grundsätzlich alle vier Rollen: den aktiven Volksanwalt und den reaktiven Protestierenden in ihrer Außenbeziehung, gegenüber den Adressaten; Bürgerinitiativen brauchen aber auch, in ihrem Innenverhältnis, den Typus des Unternehmers als des direkten Problemlösers und den Typus des Gemeinschaftsarchitekten als Strategen.

Diese überschaubaren Rollen werden komplexer, je weiter die lokale Politikebene verlassen wird. Großräumige Bürgerinitiativen, die etwa auf nationaler Ebene agieren; Bürgerinitiativen, die etwa einen Adressaten unter Druck setzen wollen, der jenseits der Staatsgrenzen ist – diese überlokalen Formen erfordern jeweils andere, jeweils besondere Rollen.

Das Besondere, das Spezielle der Bürgerinitiativen ist bei der Entwicklung von Rollen der einzelnen Initiatoren, aber auch ganz allgemein bei lokalen Bürgerinitiativen sichtbarer als bei überlokalen. Bürgerinitiativen sind spezifischer, deutlicher von anderen Formen politischer Betätigung unterscheidbar, wenn sie auf lokaler Ebene organisiert sind und auf einen lokalen Adressaten zielen.

2.3 Gesellschaftsverändernde und gesellschaftsbewahrende Bürgerinitiative

Es gibt keine „unpolitischen" Bürgerinitiativen. Diese verfolgen nicht nur ein konkretes Ziel oder mehrere konkrete Ziele, sie folgen auch – ausdrücklich oder stillschweigend, bewußt oder unbewußt – einem gesellschaftspolitischen Leitbild. Das Leitbild kann in sich geschlossen oder auch in sich widersprüchlich sein. Es kann von allen Initiatoren getragen oder nur von einem Teil derselben vertreten werden. Dieses gesellschaftspolitische Leitbild von Bürgerinitiativen kann die bestehenden Grundzüge des herrschenden politischen und wirtschaftlichen Systems beinhalten; es kann aber auch aus prinzipiellen Alternativen bestehen oder zumindest wesentliche Grenzüberschreitungen ausdrücken.

Diese Möglichkeit, daß Bürgerinitiativen nicht nur Bestehendes verbessern, gegebene Einrichtungen nützen wollen, daß sie vielmehr das Bestehende von Grund auf ändern und völlig neue Einrichtungen schaffen wollen, macht den harten Kern aller Ängste und Hoffnungen aus. Aller Ängste: die Befürchtungen, Bürgerinitiativen könnten die Institutionen des Staates lähmen und so die Speerspitzen einer Revolution sein; aller Hoffnungen: die Erwartungen, Bürgerinitiativen könnten ein erstarrtes Unterdrückungssystem aufbrechen. In der Gegenüberstellung von gesellschaftsbewahrenden und gesellschaftsverändernden Initiativen kumuliert die emotions- und ideologiegeladene Debatte über Chancen und Gefahren von Bürgerinitiativen.

Der Anspruch, die Gesellschaft zu verändern, hat bei Bürgerinitiativen in westlichen Systemen einen grundlegend anderen Inhalt als bei Bürgerinitiativen in östlichen Systemen. In den Mehrparteiensystemen zielen Bürgerinitiativen mit einem weitgehenden Veränderungsanspruch nicht auf den politischen, sondern auf den wirtschaftlichen Teil der herrschenden Ordnung. Es geht nicht gegen Parlamentarismus und Mehrparteiensystem. Vielmehr wird mit Berufung auf die liberale politische Tradition des Westens die wirtschaftliche Struktur anhand von Einzelfällen attackiert. Der Grundsatz des Privateigentums und verschiedene Erscheinungsformen der Marktwirtschaft sind das Angriffsziel.

Die Vorstellung, daß Aktionen, die zumeist auf den lokalen Bereich beschränkt sind, die Funktionsweise der Wirtschaft entscheidend beeinträchtigen und so zur Überwindung des bestehenden Systems beitragen könnten, hat Herbert Marcuse formuliert. Er räumt ein, daß der Einsatz von Bürgerinitiativen zur revolutionären Überwindung des Kapitalismus nicht dem „klassischen" Revolutionsmodell des Marxismus entspricht. Angesichts der Schwierigkeiten, in denen sich der Kapitalismus nach Marcuse befindet, könnte aber eine lokale Lahmlegung, die multipliziert wird, zu einer Lahmlegung des gesamten Systems werden. Marcuse nennt dafür ein, wie er meint, aktuelles Beispiel – die Gründung von Kooperativen:

„In den Gemeinden versuchen die radikalen Linken gegen die Supermarkets vorzugehen, Konsumenten zu organisieren, die ihre Lebensmittel zu billigen Preisen, in der Regel 30–40 Prozent billiger, beziehen. Diese Dinge waren früher mit Recht in der marxistischen Bewegung als reformistisch verpönt. Heute ist ein wirklicher Angriff auf die

Supermärkte ein Angriff auf eine der stärksten nationalen Ketten der kapitalistischen Wirtschaft" (Marcuse, S. 153).

Ein Beispiel für den Versuch, eine Bürgerinitiative mittelbar zur Umwälzung der bestehenden kapitalistischen Wirtschaftsordnung einzusetzen, ist die ,,Aktionsgemeinschaft Westend" in Frankfurt. Im tätigen Protest gegen den Abbruch des Stadtviertels Westend wurde, insbesondere durch die Methode der Hausbesetzung, ein Kernpunkt der bestehenden Wirtschaftsordnung in Frage gestellt – das Recht des Eigentümers, über sein Eigentum im Rahmen der Gesetze frei verfügen zu können. Im Umweg über die Medien und mit der Dramatisierung und Ideologisierung der Wohnungsnot wurde eine Öffentlichkeit hergestellt, die nicht nur gegen den drohenden Abbruch eines Stadtviertels mobilisiert werden sollte, sondern auch gegen die Anerkennung des Privateigentums auf dem Wohnungssektor. Am Beispiel des sozialen Konfliktes zwischen dem notwendigerweise auf Gewinn gerichteten Prinzip Eigentum und den Interessen der Mieter wollten die Initiatoren ein modellhaftes Bild der Gesellschaft vermitteln. Der Widerstand gegen den Abbruch des Frankfurter Westends sollte zum Widerstand gegen Bestandteile der kapitalistischen Wirtschaftsordnung ausgeweitet werden.

Trotz einiger Erfolge bei der Aktivierung von Betroffenen wurde das weiterreichende Ziel, die Bürgerinitiative direkt als Mittel einer Bewußtseinsänderung und indirekt als Mittel einer Gesellschaftsveränderung einzusetzen, nicht erreicht. Das, was im Frankfurter Westend tatsächlich erreicht wurde, kann als Musterbeispiel dafür gelten, was Bürgerinitiativen zustande bringen können und woran sie scheitern müssen.

Die ,,Aktionsgemeinschaft Westend" konnte weder die Abwanderung aus dem Stadtteil auf Dauer verhindern noch die angestrebte Integration der Gastarbeiter in die einheimische Bevölkerung erreichen. Erst recht konnte die Bürgerinitiative nicht zu einer breiten, antikapitalistischen Bewegung umgemünzt werden.

Die Bürgerinitiative hat jedoch erreicht, daß durch punktuelle Reformen vorhandene Übelstände zumindest teilweise verringert wurden. Gerade durch ihren weitreichenden, nicht bloß reformistischen Anspruch hat die Initiative Reformen herbeigezwungen. Sie hat bestehende Zustände nicht grundsätzlich verändert, aber ein kleines Stück verbessert. Die Bürgerinitiative hat kein revolutionäres Bewußtsein erzeugt, aber sie hat Aufmerksamkeit auf Probleme des Wohnens gelenkt, die bis dahin nur für die unmittelbar Betroffenen spürbar waren.

Bürgerinitiativen, die den kleinen Spielraum kommunistischer Einparteiensysteme nutzen und die grundsätzliche Änderung gesellschaftlicher Strukturen erreichen wollen, meinen damit nicht wirtschaftliche, sondern politische Strukturen im engeren Sinn. Nicht eine bestimmte Produktionsweise, nicht eine bestimmte Eigentumsordnung ist der Angriffspunkt der „Charta 1977". Diese Bürgerinitiative will die Menschenrechte in der ČSSR verwirklichen, sie will Grundzüge des politischen Systems verändern.

Die Ziele dieser und anderer in kommunistischen Staaten gestarteter Initiativen sind formell systemimmanent. Die Initiatoren berufen sich auf Grundsätze, die in den Verfassungsordnungen oder in anderen offiziellen Dokumenten garantiert sind. Praktisch sind diese Initiativen jedoch deshalb grenzüberschreitend, weil sie das Vitalinteresse des Einparteienstaates berühren – das Interesse, die Fiktion einer gesellschaftlichen Harmonie aufrechtzuerhalten und Opposition als kriminell oder krankhaft abzutun.

Zwar lassen diese gesellschaftsverändernden Bürgerinitiativen in Osteuropa insofern keinen Vergleich mit den gesellschaftsverändernden Bürgerinitiativen in Westeuropa und Nordamerika zu, weil die Initiatoren dort mit anderen Sanktionen der Entscheidungsträger rechnen müssen, als dies hier der Fall ist. Dennoch gibt es eine Parallele: Die weitreichenden, auf grundlegende Änderung zielenden Initiativen erreichen nicht diese Ziele; sie erreichen aber bescheidenere Teilziele.

Die „Charta 1977" in der ČSSR kann nicht die Verwirklichung der Menschenrechte herbeiführen; sie kann aber die Verletzung derselben vermindern. Der strenge Maßstab, der dieser Initiative zugrunde liegt, und das internationale Interesse wirken zusammen, die Verletzung politischer Freiheitsrechte zu relativieren. Nicht die Veränderung bestehender Zustände, aber deren Verbesserung – das können Bürgerinitiativen erreichen.

Von den Initiativen, die sich gegen wesentliche Bestandteile der herrschenden Ordnung richten, heben sich die Initiativen scharf ab, die eben solche wesentlichen Bestandteile ausdrücklich stützen und verteidigen wollen. Ein Beispiel dafür liefern die verschiedenen Elterninitiativen im Land Hessen.

Die gerade in Hessen spürbaren Versuche, Schulreform mit gesellschaftskritischer Ausrichtung zu betreiben, hat zu Reaktionen geführt, die eben die kritisierten Werte und Einrichtungen der bestehenden Ordnung verteidigen. Die Aktivitäten des Hessischen Elternvereins wenden sich gegen den (behaupteten oder tatsächlichen) Veränderungsanspruch der Schulreform, sie sind also reaktiv und negativ. Sie wollen Bestehendes gegen Alternativen schützen.

Zwischen diesen beiden Polen eines grundsätzlichen Veränderungsanspruchs und eines grundsätzlichen Erhaltungsanspruchs liegen die Schattierungen, die die Praxis der meisten Bürgerinitiativen bestimmen. Bei manchen Bürgerinitiativen kann man ein Nebeneinander von Veränderungsabsichten und Erhaltungsabsichten feststellen. Die auch in dieser Beziehung besonders schillernden Initiativen gegen Atomkraftwerke demonstrieren dieses Nebeneinander. Hier und in der gesamten Ökologiediskussion kann sowohl das Motiv, Bestehendes gegen die Atomenergie schützen zu wollen, als auch gleichzeitig das Motiv, mit dem Kampf gegen die Atomenergie Bestehendes zu bekämpfen, parallel beobachtet werden. Die Initiativen gegen Atomkraftwerke im besonderen, die Initiativen zu Umweltfragen im allgemeinen sind ambivalent. Gesellschaftserhaltende

und gesellschaftsverändernde Motivbündel sind gemischt:
– Motivation, Bestehendes zu erhalten: Schutz der Natur, Verhinderung von Industrialisierung, Erhaltung des Agrarlandes, Abschirmung der bäuerlichen Sozialstruktur, Ablehnung eines allgemeinen Urbanisierungsprozesses.
– Motivation, Bestehendes zu verändern: Hinterfragung des wirtschaftlichen Wachstums, Kampf gegen eine gewinnorientierte Wirtschaft, Aktivierung der wirtschaftlich Schwächeren gegen die wirtschaftlich Stärkeren, Formulierung der Umverteilungsfrage, Aufforderung zum Klassenkampf.

Diese Bandbreite von Motiven, hinter der eine Bandbreite von Interessen steht, mildert die Durchschlagskraft von Bürgerinitiativen. Derartig breit aufgefächerte Initiativen gleichen sich den modernen Massen- und Volksparteien an. Durch die vielen, oft gegensätzlichen Interessen ist eine klare Strategie erschwert, der Adressat der Initiative findet Möglichkeiten, durch Ausnutzung dieser internen Gegensätze die Stoßkraft der Bürgerinitiative zu vermindern. Wenn eine Bürgerinitiative von einem Teil der Initiatoren als Abwehr gegen den Ungeist moderner Industrie und Technologie verstanden wird, während eben diese Bürgerinitiative von einem anderen Teil der Initiatoren als Instrument weitreichender, grundsätzlicher Modernisierung verstanden wird, kann diese Bürgerinitiative aufgesplittert werden. Den Neuerungsgegnern verspricht man Schutzzonen, Grünland, Reservate. Den revolutionären Neuerern verspricht man Sozialpolitik, Arbeitsplätze, Profiteindämmung.

Die Erfolge, die Bürgerinitiativen bisher erzielt haben, liegen im Bereich der allmählichen, schrittweisen Reform bestehender Zustände – oder in der Verteidigung eben dieser bestehenden Zustände gegen Modernisierung und Erneuerung. Bürgerinitiativen sind ein Instrument des Reformismus oder auch des Konservativismus. Sie sind nicht ein Instrument der Revolution. Dort, wo sie mit einem radikalen Versuch starten, die Gesellschaft von Grund auf zu verändern, helfen sie mit, die bestehende Gesellschaftsordnung zu erhalten; indem erfolgreiche Bürgerinitiativen die Entscheidungsträger zu kleinen Reformen zwingen, helfen sie mit, die schwächsten, angreifbarsten Stellen der Gesellschaftsordnung zu verändern und zu stärken, und damit die gesamte Gesellschaftsordnung durch eine Verbesserung im Detail zu sichern. Bürgerinitiativen sind auch und gerade dann, wenn sie weitreichende Alternativen vertreten, ein Mittel der Anpassung der Gesellschaft.

2.4 Masseninitiativen und Honoratioreninitiativen

Die Parteientypologie unterscheidet zwischen Parteien, die von einer relativ kleinen Zahl von Wählern getragen werden, und Parteien, die sich auf breite Massen stützen. Da in der Geschichte der modernen Parteien diejenigen, die sich nicht auf Massen stützten, von einer Schicht sozialer Eliten (Honoratioren) getragen wurden, werden diese beiden Typen Honoratiorenparteien und Massenparteien genannt.

Diese Unterscheidung kann auch bei Bürgerinitiativen gemacht werden. Honoratioreninitiativen sind demnach Bürgerinitiativen, bei denen die Zahl der Initiatoren relativ klein ist, bei denen die soziale Verankerung jedoch eher bei der Spitze als bei der Basis der gesellschaftlichen Pyramide liegt. Honoratioreninitiativen sind strukturell mittel- bis oberschichtig. Ihre Argumentation ist daher nicht auf die Quantität, sondern auf eine (behauptete) Qualität bezogen. Ihr Druckmittel ist nicht eine unmittelbar ins Gewicht fallende Wählerzahl, sondern der Einfluß der Honoratioren, vermittelt durch das spezielle Gewicht dieser Elite im Sektor Kapital oder im Sektor Medien.

Masseninitiativen sind demgegenüber Bürgerinitiativen, die sich auf eine möglichst breite Basis stützen. Ihre Argumentation ist daher grundsätzlich quantitativ. Ihr Druckmittel ist das Gewicht der großen Wählerzahl.

Honoratioreninitiativen hat es, unter anderen Bezeichnungen und mit anderen Techniken, auch in vordemokratischen Entwicklungsphasen gegeben. Entscheidungsträger waren immer druckempfindlich – empfindlich gegenüber dem Druck von Geldgebern, empfindlich gegenüber dem Druck von Meinungsmachern, empfindlich gegenüber dem Druck von Kirchen, empfindlich gegenüber dem Druck von ausländischen Mächten. Das Herauskommen der Demokratie hat die Ergänzung der Honoratioreninitiativen durch die Masseninitiativen bewirkt. Wenn die Entscheidungsträger zur Legitimation ihrer Macht ein Maximum an Stimmen benötigen, wenn das Stimmgewicht nicht mehr nach dem sozialen Status unterschieden wird, ist die Druckempfindlichkeit der Entscheidungsträger gegenüber großen Wählerblocks gegeben.

Den Unterschied zwischen einer Honoratioreninitiative und einer Masseninitiative schildern Rolf Richard Grauhan und Wolf Linder am Beispiel des Widerstandes von Initiativgruppen gegen den neuen Großflughafen München (Grauhan, Linder, S. 121–126). Die „Schutzgemeinschaft Hofoldinger Forst" und die „Schutzgemeinschaft Erding-Nord" versuchten, eine Entscheidung der zuständigen Regierung zugunsten eines Standortes in Hofolding bzw. in Erding zu verhindern. Das Interesse und auch das Ziel dieser beiden Bürgerinitiativen waren deckungsgleich. Die Organisationsform und daher auch die strategischen Möglichkeiten und taktischen Mittel waren verschieden.

Im Falle Hofolding war die Bürgerinitiative von der Aktivität einiger Einzelpersönlichkeiten getragen. Die nichtöffentlichen Kontakte dieser vor allem wirtschaftlich einflußreichen Personen zu den Medien und zu den Entscheidungsträgern bildeten die Grundlage für das – schließlich erfolgreiche – Vorgehen dieser Initiative.

Im Falle Erding war die Bürgerinitiative zunächst ebenfalls auf der Aktivität einiger Personen aufgebaut. Nach internen Differenzen wurde jedoch die Basis dieser Initiative verbreitert und verändert. Eine große Zahl auch sozial schwächerer Bürger der betroffenen Gemeinden wurde nicht nur passiv, sondern aktiv eingegliedert. An die Stelle des persönlichen Kontakts einiger Initiatoren zu Medien und Entscheidungsträgern trat die Technik von medienwirksamen Protestaktionen.

Beide Initiativen argumentierten vor allem mit Hinweisen auf Natur- und Umweltschutz. Der Bürgerinitiative Hofolding kam dabei freilich zugute, daß die betroffene Gegend in ihrem Fall ein Ausflugs- und Erholungsgebiet war. Die betroffene Gegend bei Erding war hingegen ein Landwirtschafts- und Siedlungsgebiet, das von sozial schwächeren Schichten genützt wurde. Erding hatte den auf höherer sozialer Ebene verlaufenden Kontakten der Initiatoren von Hofolding nichts Gleichwertiges entgegenzusetzen.

Dies kam auch in der Reaktion der Medien zum Ausdruck. Das Argument, in Hofolding gelte es, einen Erholungsraum zu schützen, wurde viel stärker verwendet als das Argument, in Erding müsse ein für eine relativ große Zahl wichtiges Wohngebiet geschützt werden.

Dieses Beispiel aus dem Kampf gegen den Standort des Großflughafens München aus den späten sechziger und frühen siebziger Jahren zeigt, unter welchen Voraussetzungen die Organisationsform einer Honoratioreninitiative oder die Organisationsform einer Masseninitiative sinnvoll ist. Sind entsprechende Sozialkontakte zu den Adressaten auf der Ebene der politischen Entscheidungsträger und zu den Umwegadressaten auf der Ebene der Medien vorhanden, ist insbesondere ein entsprechendes Erscheinungsbild des betroffenen Gebietes in der Öffentlichkeit hergestellt, so bedarf es nicht der Masseninitiative. Fehlen hingegen solche durch entsprechende soziale Schichtung und ökonomische Interessen hergestellten Kontakte, so genügt die Organisationsform der Honoratioreninitiative nicht. Soziale Unterschiede und ökonomische Vorteile beeinflussen Organisationsform und damit auch Strategie und Taktik von Bürgerinitiativen.

Maurice Duverger führt in einem historischen Rückgriff

auf die Entwicklung moderner Parteien den Übergang zur Massenpartei auf geänderte gesellschaftliche Bedürfnisse und geänderte politische Strukturen zurück (Duverger, S. 81–89). Die Massenpartei will durch die Zahl ihrer Anhänger erreichen, was die Honoratiorenpartei durch eine bestimmte soziale, ökonomische Auswahl versucht. Die Honoratiorenpartei ist ihrem Wesen nach elitär – die Massenpartei ist ihrem Wesen nach egalitär. Die Honoratiorenpartei stützt sich auf den Einfluß einiger – die Massenpartei auf das Gewicht vieler. Die Honoratiorenpartei ist typisch für den Parlamentarismus des 19., die Massenpartei für den Parlamentarismus des 20. Jahrhunderts. Die Honoratiorenpartei ist der Parteitypus des ungleichen, soziale Privilegien berücksichtigenden Wahlrechts. Die Massenpartei ist der Parteitypus des allgemeinen und gleichen, egalitären Wahlrechts. Die Honoratiorenpartei ist die Organisationsform des Großbürgertums, die Massenpartei ist die Organisationsform des Kleinbürgertums, des Proletariats und der Bauern.

Diese Unterscheidung kann analog auch für Bürgerinitiativen übernommen werden. Honoratioreninitiativen bieten sich eher zur Durchsetzung von Interessen und Zielen bereits fest etablierter, sozial und wirtschaftlich gut abgesicherter Gruppen an. Masseninitiativen hingegen sind Organisationsformen, die zur Durchsetzung der Interessen und Ziele solcher Gruppen geeignet sind, die nicht in diesem Ausmaß an sozialen Privilegien beteiligt sind. Honoratioreninitiativen argumentieren von einer (behaupteten) Qualität ihres Interesses aus; Masseninitiativen berufen sich auf die Quantität.

Die Unterscheidung in Honoratioren- und Masseninitiativen deckt sich mit keiner der anderen, oben erwähnten Unterscheidungen. Sowohl Honoratioreninitiativen als auch Masseninitiativen können aktiv oder (positiv oder negativ) reaktiv sein; sie können lokal oder überlokal, gesellschaftsverändernd oder -bewahrend sein. Sie decken sich auch keineswegs mit einem Rechts-Links-Spektrum.

Der Massenaspekt allein macht aus Masseninitiativen noch keine „linken" Aktionen. Der Widerstand einer großen Zahl von Eigentümern kleiner Grundstücke und Häuser gegen öffentliche Planungsvorhaben hat zum Beispiel sowohl „linke" als auch „rechte" Hintergründe. Der Schutz des Privateigentums gegen den Zugriff der öffentlichen Hand weist ideologisch konservative und liberale Züge auf. Derselbe Widerstand kann, wenn man hinter der öffentlichen Hand die Profitinteressen großer Konzerne vermutet, ideologisch auch als sozialliberal bis sozialistisch eingestuft werden. Eine eindimensionale Anwendung des Rechts-Links-Spektrums auf die Typologie von Bürgerinitiativen ist jedenfalls vereinfachend und irreführend.

Die verschiedenen Erscheinungsformen von Bürgerinitiativen lassen sich in einer Matrix kombinieren. (Vgl. Tabelle 7.)

Tabelle 7: Kombination der verschiedenen Typen von Initiativen

	aktiv lokal	aktiv überlokal	reaktiv, lokal	reaktiv, überlokal
verändernd, Masseninitiative	1	2	3	4
verändernd, Honoratioren-Initiative	5	6	7	8
bewahrend, Masseninitiative	9	10	11	12
bewahrend, Honoratioreninitiative	13	14	15	16

Die Kombination der verschiedenen Typen von Bürgerinitiative ergibt insgesamt 16 Formen. Ohne daß wirklich exakte internationale, das gesamte Erscheinungsbild von Bürgerinitiativen repräsentierende Aussagen möglich wären, kann eine gewisse Häufigkeitsverteilung vermutet werden: in den Feldern 2 und 6 sind die wenigsten Bürgerinitiativen zu vermuten; in den Feldern 11 und 15 sind die häufigsten zu vermuten.

Diese Vermutung gründet sich auf die Tatsache des eindeutigen Überhangs von lokalen gegenüber überlokalen Bürgerinitiativen, weiter auf der Wahrscheinlichkeit eines Überhangs bewahrender gegenüber verändernden Bürgerinitiativen sowie des Überhangs reaktiver (positiver und negativer) gegenüber aktiven Bürgerinitiativen und schließlich auf der Vermutung, daß eine ungefähre Gleichgewichtigkeit der Verteilung zwischen Honoratioren- und Masseninitiativen angenommen werden kann.

Diese Vermutungen müssen noch zusätzlich mit der zur Vorsicht mahnenden Anmerkung versehen werden, daß Bürgerinitiativen – wie auch Parteien – eine dynamische gesellschaftliche Erscheinung sind. Sie verändern ihr Erscheinungsbild, sie nehmen unter verschiedenen gesellschaftlichen, politischen, wirtschaftlichen Bedingungen unterschiedliche Formen an. Insbesondere ist auch zu berücksichtigen, daß Bürgerinitiativen in verschiedenen Staaten verschiedene Rahmenbedingungen vorfinden. Der Überhang gesellschaftsbewahrender gegenüber gesellschaftsverändernden Initiativen ist in den USA sicherlich deutlich größer als etwa in der Bundesrepublik Deutschland.

Zur Lebendigkeit von Bürgerinitiativen gehört auch, daß neue Typen, neue Erscheinungsbilder vorstellbar sind. Jeder Versuch einer Typologie kann daher immer nur eine Momentaufnahme sein. Daß Bürgerinitiativen schwergewichtig im lokalen Politikbereich auftreten, kann in 10 oder 20 Jahren schon wiederum überholt sein. Daß Bürgerinitiativen stärker noch als Parteien in Form von Honoratiorenaktivitäten auftreten, kann bereits in wenigen Jahren ähnlich überholt sein, wie sich der Typus der Honoratiorenpartei im Laufe der ersten Jahrzehnte dieses Jahrhunderts zumindest in Europa weitgehend überflüssig gemacht hat. Was morgen als Bürgerinitiative auftritt, kann wesentlich andere Züge tragen als das, was wir heute unter Bürgerinitiative verstehen.

3. Bürgerinitiativen und Demokratie

Bürgerinitiativen werden mit sehr verschiedenen Rechtfertigungen versehen. Alle Versuche, die plebiszitäre Beteiligung der Bürger am politischen Entscheidungsprozeß zu rechtfertigen, kreisen jedoch um den Begriff der Demokratie. Bürgerinitiativen beanspruchen, daß Demokratie eine Herrschaft des Volkes für das Volk und durch das Volk sein will. Die Aktivbürger, die sich zu Initiativgruppen zusammenschließen, tun dies mit Berufung auf die Demokratie. Sie verstehen sich als Teil des Volkes. das seine Ansprüche, sich selbst zu regieren, durch Bürgerinitiativen verwirklicht.

Bürgerinitiativen berufen sich auf eine demokratische Legitimation. Gleichzeitig richten sich Bürgerinitiativen gegen vorgegebene Strukturen, die ebenfalls als demokratisch gelten: Parlamente, parlamentarische Regierungen, dem Volk verantwortliche Parteien. Bürgerinitiativen treffen in ihrem demokratischen Anspruch auf staatliche und andere gesellschaftliche Einrichtungen, die ebenfalls beanspruchen, demokratisch zu sein.

Das gilt auch für Bürgerinitiativen in kommunistischen Einparteiensystemen. Auch diese sind nach ihrem Selbstverständnis demokratisch – „sozialistische Demokratie", „Volksdemokratie".

Das gilt erst recht für Mehrparteiensysteme, wie sie für westliche Staaten typisch sind. Demokratie als Konkurrenz zwischen mehreren Parteien um die Stimmen des Volkes, als Konkurrenz um Mehrheiten in Parlamenten, als Konkurrenz um vom Volk abgeleitete Entscheidungsbefugnis – das ist der theoretische Anspruch in westlicher Demokratie.

Bürgerinitiativen stehen damit in einem Konfliktfeld, in einem Spannungsfeld verschiedener demokratischer Vorstellungen. Sie verkörpern eine Denkmöglichkeit von Demokratie, die mit den herrschenden Formen von Demokratie in einem Reibungsverhältnis steht. Bürgerinitiativen sind ein mehr oder minder deutliches, mehr oder minder bewußtes Aufbäumen der Bürger unter dem Zeichen der Demokratie – gegen die Folgen einer Ordnung, die ebenfalls unter diesem Zeichen der Demokratie steht.

Dieses Spannungsfeld steht in Zusammenhang mit dem Begriffspaar der direkten, plebiszitären und der indirekten, repräsentativen Demokratie. Bürgerinitiativen sind die Antwort auf eine als zu weitgehend empfundene, vielfach als unbeschränkt eingeschätzte Vorherrschaft der repräsentativen Komponente gegenüber der plebiszitären Komponente der Demokratie. Sie sind, als Antwort auf diese Vorherrschaft, teilweise als Ergänzung, teilweise auch als Alternative zu dieser indirekten Demokratie gedacht.

3.1 Die (scheinbar) unbeschränkte Vorherrschaft der repräsentativen Demokratie

Jede indirekte Demokratie, in der die Entscheidungen in den Händen der Volksvertreter gebündelt sind, kann sich auf die Unausweichlichkeit gesellschaftlicher und daher auch politischer Arbeitsteilung berufen. Die gesellschaftliche Entwicklung hat bisher immer eine Steigerung der Arbeitsteilung bewirkt. Immer mehr, immer vielfältigere, immer kompliziertere Rollen sind von der Gesellschaft ausgestülpt worden.

Das „Goldene Zeitalter", das durch Überfluß für alle, durch allgemeine Bedürfnisbefriedigung charakterisiert ist, war niemals so weit von gegebenen Zuständen entfernt wie hier und jetzt. Sowohl als rückwärtsgewandte als auch als vorwärtsgewandte Utopie hat dieses „Goldene Zeitalter" seinen Stellenwert als Triebkraft politischen Handelns. Die Vorstellung aber, ein solches Zeitalter könnte unmittelbar bevorstehen, ist ebenso wirklichkeitsfremd wie gefährlich.

Die gesellschaftliche Entwicklung hat Arbeitsteiligkeit, hat Rollenvielfalt hervorgebracht. An die Stelle der Agrargesellschaft, die durch relativ einfache Feudalstrukturen und durch relativ einfache Wirtschaftsprozesse gekennzeichnet war, ist in den Staaten der nördlichen Hemisphäre eine Industriegesellschaft getreten, deren Herrschaftsstruktur und deren Produktionsprozesse vielschichtig und kompliziert sind. Im Bereich politischer Strukturen bedeutet dies, daß viele in ebenso unterschiedlicher Weise wie in vielfältigen Rollen politische Prozesse beeinflussen. Es gibt nicht nur wie in primitiven Gesellschaften die Rolle des Herrschers und die Rolle der Beherrschten. Es gibt Abstufungen, es gibt Rollenüberschneidungen, es gibt keine klaren Trennlinien zwischen Herrschern und Beherrschten, es gibt vor allem viele Herrscher.

Trotz dieser Differenzierung ist unverändert, daß einige wenige, Eliten genannt, mehr Macht besitzen als die vielen anderen. Gleichgültig, ob sich ein modernes politisches System Demokratie oder Diktatur nennt, es ist dadurch gekennzeichnet, daß die meisten politischen Entscheidungen vom Durchschnittsbürger bloß passiv erfahren, nicht aber aktiv mitgetragen werden. Ob es sich um Gesetze handelt, die von einem Parlament beschlossen werden, ob es sich um Verwaltungsakte handelt, die von einer Bürokratie ausgehen, der einzelne Bürger ist im Regelfall nur in höchst abstrakter, von ihm nicht einsehbarer Weise Subjekt dieser Entscheidungen – im Regelfall fühlt er sich bloß als Objekt.

Der weltweite Siegeszug der Demokratie als Worthülse, der dazu geführt hat, daß fast alle politischen Systeme heute vorgeben, Demokratien zu sein, hat bewirkt, daß die Eliten nahezu aller Staaten sich darauf berufen, ihre Macht nicht im eigenen Namen, sondern im Namen des Volkes auszuüben. Sie besitzen Macht: nämlich die Fähigkeit, ihren eigenen Willen gegen andere auch dann durchzusetzen, wenn diese widerstreben. Sie besitzen Herrschaft: nämlich die mehr oder minder freiwillige, jedenfalls allgemeine Anerkennung ihres Rechts, Macht auszuüben.

Demokratie und Diktatur unterscheiden sich nicht dadurch, daß in der Demokratie alle alles bestimmen würden; Demokratie und Diktatur unterscheiden sich dadurch, daß die sowohl hier als auch dort herrschenden Eliten verschiedene Rechtfertigungsgrundlagen, eine verschiedene Legitimation zur Ausübung ihrer Herrschaft besitzen.

Dieser Unterschied zur Demokratie ist im Alltag für den einzelnen Bürger nicht immer klar ersichtlich, nicht immer deutlich spürbar. Entscheidungen, die gegen seine Interessen gerichtet sind, empfindet er grundsätzlich als unangenehm, gleichgültig, ob sie von einem aus eigener Machtvollkommenheit an das Staatsruder gekommenen Herrscher stammen oder ob es sich um Gesetze eines Parlaments handelt, das Resultat des freien Konkurrenzkampfes mehrerer Parteien um die Stimmen des Volkes ist.

Die indirekte Demokratie, die auf dieser – unausweichlichen – Tatsache politischer Eliten aufbaut, ist somit wenig spektakulär, sie bietet wenig Platz für Idealismus und emotionale Identifikation. Ihre Nüchternheit, die vor allem in der Entfernung zwischen Volksvertretern und Volk begründet ist, führt zu Unzufriedenheit, zu politischer Gleichgültigkeit, zum – subjektiven – Verwischen der Grenze zwischen Demokratie und Diktatur. Die ,,demokratische Elitenherrschaft'', wie sie von Peter Bachrach genannt wird, reduziert Demokratie auf einen Mechanismus der Bestellung, der Kontrolle und der Ablösung der Eliten. Diese Erscheinung, daß auch in der Demokratie die Entscheidungen sehr weit weg von dem Gesichtsfeld der Betroffenen fallen, wird noch verstärkt durch eine Tendenz des modernen Mehrparteiensystems. Da Demokratie in der Mechanik der Auswahl von Eliten besteht, neigen die modernen Großparteien dazu, um des Wahlsieges willen auf ideologisches Profil zu verzichten, um durch Profillosigkeit möglichst viele Wähler anzusprechen beziehungsweise möglichst wenig Wähler zu verschrecken. Aus ideologisch, weltanschaulich weitgehend geschlossenen Parteien (Weltanschauungsparteien, Klassenparteien) werden Allerweltsparteien, die jedem etwas geben wollen, die allen alles sein wollen – mit der Gefahr, daß am Ende niemand etwas wirklich bekommt, daß die Parteien am Ende niemandem etwas bedeuten.

Diese Entwicklung der Parteien als Folge einer Demokratie, die nicht Volksherrschaft sein kann, sondern eben nur ein Legitimationsprozeß der Eliten, steht in Widerspruch zur idealistischen Bilderbuchlehre von der Demokratie. Bürger, die in der Familie, in der Schule und auch noch danach ein idealistisches Bild von Demokratie vermittelt bekommen, von der Demokratie als Volksherrschaft, als Herrschaft des Volkes durch das Volk für das Volk, werden mit einer anderen Wirklichkeit konfrontiert. Nicht das Volk, sondern Volksvertreter herrschen; nicht eindeutig und idealistisch profilierte Parteien stellen die Verbindung zu den Volksvertretern her, sondern Maschinen, deren Zweck die Maximierung der Wählerstimmen ist. Die Wirklichkeit der indirekten Demokratie bringt dann, wenn ein wirklichkeitsfremdes Idealbild von Demokratie bewußtseinsprägend ist, einen Enttäuschungsschock hervor. Die Folgen dieses Schocks können vielfältig sein. (Vgl. Tabelle 8.)

Tabelle 8: Demokratische Erwartungen und politische Tatsachen

	Erwartungen	Tatsachen	Resultate
Demokratie	Volksherrschaft, direkte Demokratie	Herrschaft der Volksvertreter, indirekte Demokratie mit Oligarchietendenzen	Illusionen
Parteien	Programmparteien, Idealismus, Orientierung am „Gemeinwohl", innerparteiliche Demokratie	Allerweltsparteien, Taktik, Orientierung am Wahlsieg, innerparteiliche Oligarchie	Apathie Reformismus Extremismus

Die Bürger reagieren auf die – scheinbar – unumschränkte Herrschaft einer bloß indirekten Demokratie mit verschiedenen Verhaltensmustern:
– Illusionen; die Wirklichkeit wird nicht zur Kenntnis ge-

nommen, man bleibt bei der Vorstellung, daß Demokratie direkte Volksherrschaft ist, daß die Parteien (zumindest die eigene Partei) ein geschlossenes Bild einer Weltanschauung oder Klassengemeinschaft vertreten.
- Apathie: man flüchtet sich vor der „schmutzigen" Politik in Gleichgültigkeit, man rechtfertigt das eigene politische Desinteresse mit dem Hinweis auf die unbeeinflußbare Macht der Eliten.
- Reformismus; man sieht die Tatsachen, wie sie sind, versucht sie aber teilweise und schrittweise zu ändern, indem vorhandene Instrumente der politischen Beteiligung genützt und neue Instrumente entwickelt werden.
- Extremismus; man sieht die Wirklichkeit, lehnt sie aber vollkommen ab und versucht, mit allen Mitteln eine vollkommen neue Wirklichkeit zu bilden.

Bürgerinitiativen zählen zu den Reaktionen, die grundsätzlich zum Verhaltensmuster des Reformismus gezählt werden müssen. Sie sind eine kritische Antwort auf die Vorherrschaft indirekter Demokratie; sie bleiben aber im Rahmen dieser indirekten Demokratie, weil sie die repräsentativen Entscheidungsträger nicht ablehnen, sondern zu einem geänderten Verhalten bewegen wollen. Bürgerinitiativen sind grundsätzlich der Versuch, die indirekte Demokratie mit einigen Elementen direkter Demokratie anzureichern.

Freilich finden sich in Bürgerinitiativen auch immer wieder Komponenten der anderen Verhaltensmuster. Illusionen: die Vorstellung, Bürgerinitiativen könnten durch einige Aktivitäten den Repräsentativorganen die Entscheidungskompetenz entwinden; Apathie: die Vorstellung, mit einem bloß reaktiven „Nein" wäre ein Maximum politischer Aktivität bereits geleistet; Extremismus: die Vorstellung, Bürgerinitiativen wären ein Mittel, die bestehende Gesellschaftsordnung zu zerstören.

Das Übergewicht der indirekten Demokratie ist auf der Ebene, die die spezifische Ebene der Bürgerinitiative ist, besonders spürbar – auf der Ebene lokaler Politik. In den

Gemeinden fallen zwar die Entscheidungen in größerer Nähe zum Bürger. In den Gemeinden ist jedoch ganz allgemein der Zustand einer Parlamentarisierung politischer Entscheidungen in vielen Staaten nicht oder nur teilweise erreicht. Jene Verwirklichung indirekter Demokratie, die in Westeuropa und in Nordamerika auf staatlicher, nationaler Ebene selbstverständlich ist, ist bei den Gemeinden noch nicht selbstverständlich geworden:
– Kommunale Parlamente werden von der Öffentlichkeit weniger wahrgenommen und daher weniger kontrolliert als Parlamente auf staatlicher Ebene.
– Kommunale Parlamente kennen weniger zwischenparteilichen Konkurrenzkampf als nationale, staatliche Parlamente.
– Kommunale Parlamente sind gegenüber kommunalen Verwaltungsorganen (Bürgermeister, Stadtverwaltung usw.) oft mit weniger Kontroll- und Mitwirkungsrechten ausgestattet als staatliche, nationale Parlamente.

Diese fehlende Parlamentarisierung begründet einen zusätzlichen Bürokratieüberhang auf der lokalen Ebene. Das Parlament, die große Errungenschaft der indirekten Demokratie, muß gegenüber den Beamten der Verwaltung relativ weitgehend zurückstehen. Die Mitwirkungsrechte des Bürgers, auf das Parlament konzentriert, werden so nur unzureichend umgesetzt. Die Bürokratie, Inbegriff einer vom Bürger nicht mitzubestimmenden, nur sehr entfernt und extrem indirekt demokratischen Herrschaft, dominiert die Politik der Städte und Gemeinden. Das kommunale Parlament (Stadtrat, Gemeinderat usw.), dem Zugriff des Bürgers immerhin noch relativ nahe, steht hinter der Kommunalverwaltung zurück, die sich diesem demokratischen Zugriff noch viel deutlicher entzieht.

Die allgemeine Vorherrschaft der repräsentativen Demokratie wird durch diesen Bürokratieüberhang der lokalen Politik noch verschärft. Auf der lokalen Ebene wird somit das Spannungsverhältnis zwischen demokratischem Anspruch und demokratischer Wirklichkeit zugespitzt: der

Bürger ist auf dieser Ebene näher zu den Entscheidungsträgern, er sieht eher Zusammenhänge, er ist eher zur Teilnahme bereit, er hat an sich mehr Mitbestimmungs- und Kontrollwünsche. Die Möglichkeiten zu dieser Mitbestimmung und zu dieser Kontrolle sind jedoch durch ein Repräsentativsystem besonders gebremst, das mehr noch als die Repräsentativsysteme auf der Ebene von Ländern und Staaten direkte Demokratie erschwert. Der Widerspruch zwischen Erwartung und Tatsachen spitzt sich zu, politische Entfremdung, politische Frustration ist die Folge – die vier Verhaltensmuster (wie in Tabelle 8) sind das Resultat.

Das Auseinanderklaffen von direkt demokratischer Erwartung und nur indirekt demokratischer Wirklichkeit wird nochmals verstärkt, wenn die politischen Grundrechte – wie zum Beispiel im Grundgesetz der Bundesrepublik Deutschland – eine Fülle allgemein formulierter, politischer Individualrechte garantiert. Die in Artikel 2 des Grundgesetzes niedergelegte Handlungsfreiheit, die in Artikel 8 garantierte Versammlungsfreiheit, die in Artikel 9 formulierte Vereinigungsfreiheit des Grundgesetzes – sie helfen mit, bei dem zur Mitbestimmung, zur Partizipation bereiten Bürger eine hochgespannte Erwartung zu begründen.

Diese Grundrechte sind jedoch auch geeignet, das Verlangen nach mehr direkter Demokratie und damit auch die Bürgerinitiativen zu legitimieren. Die Berufung auf solche verfassungsrechtlich verankerten Rechte ist eine Legitimierung in formaler Hinsicht: Bürgerinitiativen, aktive Bürger überhaupt, können sich darauf stützen, wenn sie in Konflikte mit Einrichtungen der Verwaltung, der Parteien, der Verbände geraten. Die Berufung auf diese Rechte ist jedoch auch eine Legitimierung in inhaltlicher Hinsicht: durch sie wird offiziell – verfassungsrechtlich – festgestellt, daß der Einbau direkter Demokratie in das übermächtig empfundene Repräsentativsystem möglich, ja sogar erwünscht ist.

Die Bürgerinitiativen sind eine Antwort, eine kritische

Antwort auf ein Zuviel an indirekter Demokratie. Die Wirklichkeit der demokratischen Elitenherrschaft, des Wandels von Programmparteien zu Allerweltsparteien, der Macht einer durch Parlamente kaum gestörten Bürokratie – alle diese Faktoren motivieren Bürger, sich auf ihre in allen demokratischen Verfassungen garantierten Rechte zu besinnen; auf die Rechte, in der Demokratie selbst Anteil an politischen Entscheidungen zu nehmen.

Bürgerinitiativen sind eine Antwort auf dieses Zuviel indirekter Demokratie, und zwar eine optimistische Antwort Hinter den Bürgerinitiativen steht prinzipiell die Auffassung, daß die Zustände der Demokratie, die wir vorfinden, veränderbar sind; daß sie veränderbar sind in Richtung einer besseren Demokratie; daß das Zuviel an repräsentativer Demokratie, das wir oft zu spüren bekommen, durch ein Mehr an direkter Demokratie ausgeglichen werden kann; daß wir, die Bürger, das Volk, die Instrumente der Demokratie zur Durchsetzung unserer Interessen auch wirklich nützen können.

3.2 Bürgerinitiativen als plebiszitäre Ergänzung der repräsentativen Demokratie

Die Einstufung von Bürgerinitiativen als eine besondere Form ökonomischer oder ideeller Verbände bedeutet auch, daß Bürgerinitiativen nicht in einer strengen Gegenüberstellung zu der herrschenden, durch Parteien und Verbände charakterisierten, repräsentativen Ordnung des politischen Systems gesehen werden dürfen. Bürgerinitiativen sind, zumindest zunächst, Ergänzung und Korrektiv der repräsentativen Demokratie. Sie fügen dem durch Parlamente und Regierungen, Parteien und Verbände gebildeten, indirekt demokratischen System eine direkt demokratische Komponente hinzu.

Diese Deutung von Bürgerinitiativen als plebiszitäre Ergänzung des herrschenden Repräsentativsystems schließt auch eine gewisse Abgrenzung gegenüber anderen Formen der direkten Teilnahme am politischen Prozeß mit ein. Man unterscheidet zwischen Bürgerbeteiligung, Bürgerinitiative und Bürgerrevolte. Bürgerbeteiligung (im engeren Sinn) ist das Angebot der Bürger, die Last des politischen Entscheidungsprozesses mitzutragen. Bürgerinitiative ist die Forderung der Bürger, an der Steuerung dieses Prozesses direkt und stärker Anteil zu haben. Bürgerrevolte ist die Ablehnung des herrschenden Systems und der Versuch, an dessen Stelle ein vollständig neues zu setzen.

Im wesentlichen entsprechen Bürgerbeteiligung und Bürgerinitiative dem Verhaltensmuster Reformismus, während Bürgerrevolte dem Verhaltensmuster Extremismus entspricht. Bürgerbeteiligung kann als konfliktarme Kooperation umschrieben werden, während Bürgerinitiative konfliktreiche Kooperation ist. Bürgerrevolte ist demnach Kooperationsverweigerung und totaler Konflikt.

Bürgerinitiativen sind also zwischen der gleichsam harmlosen Variante Bürgerbeteiligung und der revolutionären Variante Bürgerrevolte anzusiedeln. Sie nehmen die Vorherrschaft der indirekten Demokratie, das faktische Entscheidungsmonopol der traditionellen und aktuellen Einrichtungen der Volksvertretung, nicht einfach hin – wie das dem Muster der Bürgerbeteiligung entspricht. Bürgerinitiativen lehnen aber diese Einrichtungen der Volksvertretung auch nicht grundsätzlich ab. Sie sind eher auf die Veränderung beziehungsweise auf das Ausnützen der Einrichtungen der indirekten Demokratie gerichtet.

Zu den Voraussetzungen eines Erfolges von Bürgerinitiativen zählt, daß sie diese dialektische Zwischenposition zwischen vollständig angepaßter Bürgerbeteiligung und vollständig nichtangepaßter Bürgerrevolte elastisch zu nützen versuchen. Bürgerinitiativen müssen zwischen der einen Extremmöglichkeit, bloß im Vorfeld der Parteien und Verbände diesen zusätzliche Unterstützung zu sammeln, und der anderen Extremmöglichkeit, dieses Vorfeld überhaupt zu negieren und Parteien sowie Verbände pauschal abzulehnen, möglichst balanciert und elastisch durchsteuern.

Diese komplizierte Zwischenposition äußert sich im Verhältnis zwischen Bürgerinitiativen und Parteien:
- Eine Bürgerinitiative wird von einer Partei vereinnahmt. Die Initiative arbeitet offen oder versteckt dieser Partei zu, die Partei stützt ebenso die Ziele der Initiative und nützt diese Initiative im Konkurrenzkampf gegen andere Parteien. Eine solche Beziehung verschafft zwar der Bürgerinitiative eine feste, vertrauliche, interne Kontakt- und Gesprächssituation mit den Entscheidungsträgern einer Partei. Gleichzeitig verliert aber die Bürgerinitiative, je enger sie sich dieser Partei nähert, die Fähigkeit, andere und auch diese Partei unter Druck zu setzen.
- Eine Bürgerinitiative hält Distanz zu Parteien, sie vermeidet es, optisch und auch wirklich in Abhängigkeit von einer Partei zu kommen. Sie erhält sich damit die Möglichkeit, auf mehrere Parteien Druck ausüben zu können, indem sie sich mehreren Parteien als Stimmblock anbietet und von den Parteien entsprechende Entscheidungen erwartet. Der Verlust interner Kontakte zu einer Partei wird durch die Möglichkeit verstärkter Druckausübung meistens mehr als wettgemacht.
- Eine Bürgerinitiative lehnt das gesamte Parteiensystem entschieden ab und versucht, mehr als bloß Korrektiv oder Ergänzung zu sein; sie versucht, entwerder durch Zerstören oder durch Unterlaufen bestehender Strukturen vollständig neue Formen politischer Entscheidung herbeizuzwingen. Diese Form der Beziehung zu den Parteien erhält zwar der Bürgerinitiative ein Maximum an Handlungsfreiheit, gleichzeitig verliert sie aber die Chance, durch das Interesse der Parteien am Wahlsieg eben diese Parteien für ihre Ziele dienstbar zu machen.

Die verschiedenen Möglichkeiten der Beziehung einer Bürgerinitiative zu den Parteien sind auch verschiedene Möglichkeiten, Bürgerinitiativen als mehr oder minder wirksames Korrektiv einzusetzen; Bürgerinitiativen mehr oder minder spürbar zur Stärkung der Loyalität und der Legitimität der indirekten Demokratie einzusetzen.

Zur Stärkung der Loyalität: Ein zu großes Maß an Resignation oder Gleichgültigkeit der Bürger schafft einen Leerraum politischer Betätigung, der von anderen, vielleicht nicht kontrollierbaren Größen genützt werden könnte. Bürgerinitiativen sind eher als Parteien und Verbände imstande, eine Resignation aufzuweichen, die auf eine Unzufriedenheit mit dem Zustand etwa des modernen Parteienstaates zurückgeht. Eben weil Bürgerinitiativen teilweise kritisch auftreten, weil sie meistens als etwas Neues und von den Parteien Verschiedenes empfunden werden, können sie die vorhandene Loyalitätslücke besser verkleinern als die Parteien, die mit als Urheber dieser Lücke gelten müssen. Der Weg zur Allerweltspartei, zur unverbindlich und breit ausgefächert agierenden Volkspartei, die Transformation des Konkurrenzkampfes von Programmparteien zu einem kommerziellen Marketing von Plattformparteien hinterlassen ein Defizit an konkreter Politik, an konkreter Interessenvertretung, an konkreten politischen Zielen. Bürgerinitiativen können diese konkrete Politik, diese konkreten Ziele liefern. Sie können apathisch gewordene Bürger wieder der Politik zuführen, indem sie die unmittelbaren Interessen dieser Bürger artikulieren.

Zur Stärkung der Legitimität: Das Übergewicht indirekter Demokratie und die Erscheinungen von Apathie und Resignation der Bürger bewirken oft, daß Demokratien als zuwenig oder überhaupt nicht demokratisch eingestuft werden. Auch und gerade westliche Demokratien werden oft mit einem bloßen Ritual der regelmäßig wiederkehrenden Stimmabgabe für angeglichene Großparteien gleichgesetzt. Bürgerinitiativen sind ein ebenso dynamisches wie plebiszitäres Element der Auflockerung dieses Rituals. Sie helfen, das demokratische Ansehen von Systemen zu heben, deren demokratische Wirklichkeit oft schlechte Zensuren erhält.

Die Deutung, daß Bürgerinitiativen ein neues Instrument der Artikulation der Interessen des Volkes (oder betroffener Teile desselben) sind, daß also Bürgerinitiativen eine direkt demokratische Ergänzung eines weitgehend bloß indirekt demokratischen Systems sind, wird von der Praxis der meisten Bürgerinitiativen bestätigt. Bürgerinitiativen lassen sich ohne besondere Schwierigkeiten in das Modell des repräsentativen politischen Systems einordnen, wie es zum Beispiel David Easton entworfen hat. (Vgl. Tabelle 9.)

Tabelle 9: Bürgerinitiativen im politischen System

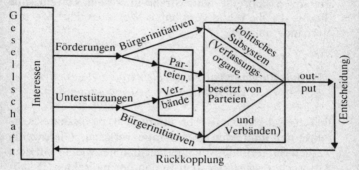

Bürgerinitiativen fassen, ebenso wie Parteien und Verbände, bestimmte Interessen zusammen, die in der gesellschaftlichen Umwelt vorhanden sind. Sie bringen, ebenfalls wie Parteien und Verbände, diese Interessen in das Entscheidungszentrum des politischen Systems ein. Wie Parteien und Verbände, so bedienen sich auch Bürgerinitiativen des Mittels der Druckausübung durch Forderungen (aktive und reaktive, negative Bürgerinitiativen) und Unterstützungen (reaktive, positive Bürgerinitiativen); sie bringen diese Interessen aber in Umgehung der Parteien und Verbände direkt ein.

Da Bürgerinitiativen im Gegensatz zu Parteien und Verbänden keinen dauernden Apparat haben, da sie, anders als die Parteien und Verbände, entweder überhaupt keine oder nur eine gering entwickelte professionalisierte Organisation besitzen, bringen Bürgerinitiativen die von ihnen vertretenen Interessen ungefiltert, direkt in das Entscheidungszentrum ein. Dieser Umstand des ungefilterten, direkten Einbringens ist das Besondere der Bürgerinitiativen. Dadurch können Bürgerinitiativen von Parteien und Verbänden unterschieden werden. Deshalb müssen Bürgerinitiativen auch als Korrektiv und Ergänzung eines Systems eingestuft werden, das im Entscheidungszentrum selbst durch Parlamente, Regierungen und Bürokratie gekennzeichnet ist, im Vorfeld dieses Zentrums durch Parteien und Verbände. Bürgerinitiativen sind eine neue Straße in diesem Vorfeld, eine Straße, die die schon gewohnten Wege der Parteien und Verbände umgeht.

3.3 Bürgerinitiativen als plebiszitäre Alternative zur repräsentativen Demokratie

Im Regelfall werden Bürgerinitiativen als plebiszitäres Korrektiv der indirekten Demokratie wirksam. Gleichzeitig werden Bürgerinitiativen aber auch immer wieder mit dem Anspruch ausgestattet, den Boden der indirekten Demokratie überhaupt oder zumindest der bestehenden Form der indirekten Demokratie zu verlassen. Bürgerinitiativen sind, diesem Anspruch zufolge, nicht oder nicht nur Korrektiv, sondern Alternative zum bestehenden Repräsentativsystem.

Von den am Beginn, im Abschnitt 1, angeführten Kriterien der Bürgerinitiativen ist vor allem das erste Merkmal, die autonome Selbstorganisation der Bürger, ein Ansatzpunkt für ein Alternativkonzept. Der Zusammenschluß von politisch interessierten und aktiven Bürgern – jenseits oder unterhalb der Ebene der Parteien, jenseits oder unterhalb der Ebene der Parlamente – umfaßt einen sowohl ausgeprägt plebiszitären als auch alternativen Gesichtspunkt. Plebiszitär: dem Gedanken der direkten Demokratie folgend, organisieren die Bürger ihre politischen Interessen und ihre politische Betätigung unabhängig von den Einrichtungen des Staates, der Parteien, der Verbände. Alternativ:

ein solcher Zusammenschluß von Bürgern ohne entsprechende Impulse von „oben" und mit mehr oder minder deutlicher Frontstellung gegen die Entscheidungsträger „oben" ist von vornherein vom Grundgedanken gestufter Volksvertretung abweichend.

Dieser plebiszitäre und alternative Aspekt der Selbstorganisation steht auch mit dem strategischen Konzept der Einwirkung auf die tatsächlichen (repräsentativen) Entscheidungsträger in einem latenten Widerspruch. Die autonom organisierten Interessen betroffener Bürger werden unter Umgehung traditioneller Kanäle letztlich doch an die „eigentlichen" Entscheidungsträger herangebracht. Daß Bürgerinitiativen, auch wenn sie sich noch so spontan, noch so losgelöst von den Organisationsformen der Parteien und Verbände organisieren, letztlich doch auf die Beeinflussung von Entscheidungsträgern im Repräsentativsystem (Parlamente, Parlamentarier, Minister, Regierung, Verwaltung usw.) zielen, ist eine indirekte Anerkennung eben dieses Repräsentativsystems.

Der alternative Aspekt wird deutlicher, wenn wir auch Übergänge von Bürgerinitiativen zu Bürgeraktionen miteinschließen, zu Formen politischer Beteiligung, die nicht mehr in einer Kanalisierung und Einbringung von Bürgerinteressen in das Repräsentativsystem bestehen, sondern in einer Selbstentscheidung, Selbstregierung. Der betont plebiszitäre und alternative Aspekt kommt auch bei aktiven Bürgerinitiativen eher zum Ausdruck als bei reaktiven. Reaktive Initiativen sind ihrem Wesen nach an Impulse der Organe des Repräsentativsystems gebunden – sie antworten auf Vorhaben lokaler oder überlokaler Verwaltungsbehörden, auf Gesetzesvorschläge von Regierungen und Parlamenten, auf politische Maßnahmen der Parteien und der Verbände.

Die Betonung und erst recht die konsequente Durchführung des Gedankens einer Selbstentscheidung, Selbstregierung, also einer Losbindung, Loslösung der Bürgerinitiativen von ihren Adressaten, ist bei den Konzepten einer

Dezentralisierung von Entscheidungen eine erwünschte oder indirekte Folgeerscheinung. Wenn Bürgerinitiativen nicht nur Entscheidungen beeinflussen, in diesem Sinn mitentscheiden sollen, sondern die Entscheidung für sich selbst beanspruchen, dann setzt dies die Abgabe von Entscheidungskompetenz von „oben" nach „unten" voraus. Der Staat (Bund) muß an die Länder, das Land muß an die Bezirke und Kreise und Regionen, diese müssen wiederum an die Gemeinden, die Großstädte abermals an die Stadtteile, Stadtbezirke Teile dieser Kompetenz abtreten. Wenn die Vorstellung, daß Bürgerinitiativen teilweise auch Alternativen zur bestehenden politischen Ordnung sein können, wirklichkeitsnahe sein soll, dann muß zunächst Macht von der Spitze und von den oberen Ebenen des Staates an die unteren, an die untersten Ebenen abgegeben werden. Die Voraussetzung für ein solches Alternativkonzept ist, daß eine vertikale Machtumverteilung stattfindet.

Machtumverteilung durch Dezentralisierung kann sowohl „linke" als auch „rechte" Zielvorstellungen verfolgen. „Links" ist dieses Konzept dann, wenn nicht nur Macht ganz allgemein umverteilt werden soll, sondern wenn darüber hinaus auch eine Umverteilung von Eigentum, von wirtschaftlicher und politischer Verfügungsgewalt angestrebt wird. Eine solche sozialistische Dezentralisierung, die sowohl dem in der UdSSR herrschenden Modell des Sozialismus widerspricht als auch nicht in der Tradition des demokratischen Sozialismus West- und Mitteleuropas steht, wird zum Beispiel von Herbert Marcuse vertreten, der eine sozialistische Dezentralisierung ausdrücklich in Verbindung mit Bürgerinitiativen bringt:

> „Ich glaube, daß es sich nicht um eine Übergangserscheinung handelt, sondern daß die Dezentralisierung zum Wesen des Sozialismus gehört. Ich glaube, daß, mit Marx gesprochen, die Produzenten wirklich ihr eigenes Leben in die Hand nehmen müssen. Das kann ich mir nicht als illusorische Einheit eines ganzen Landes vorstellen, vielmehr müssen wirklich die

Kommunen die Bedeutung erhalten, die sie im Augenblick in China offenbar haben" (Marcuse in: Bahr, S. 154).

Dezentralisierung – nicht als sozialistische Umverteilung, sondern als wirksamer Schutz bestehender Zustände: das ist der Inhalt „rechter" Modellvorstellungen einer Dezentralisierung. Der Begriff der „Nachbarschaftsdemokratie" drückt die Vorstellung einer weitgehenden Selbstregierung der Gemeinden und der Wohnbezirke aus, eine Vorstellung, die die Interessen der betroffenen Bürger gegen den möglichen Zugriff des Staates oder anderer zentraler Stellen schützen soll. Die weitgehende Abgabe politischer Steuerungen, die kleine Einheit sollen verhindern, daß der Staat in das Eigentum und in andere liberale, vor allem wirtschaftliche Grundrechte der Bürger eingreift. Der Staat ist, so die bewahrende, konservative Tendenz der „Nachbarschaftsdemokratie", ein Instrument möglicher Eingriffe, möglicher Umverteilung. Die Selbstregierung der Bürger soll diese Zugriffe verhindern.

Auch hier zeigt sich die gesellschaftspolitische Ambivalenz von Bürgerinitiativen. Auch in ihrer weitestgehenden Deutung als Vorboten einer neuen Form von Demokratie, als Anfänge einer direkten Demokratie in der kleinen Einheit sind sie gesellschaftspolitisch offen, sind sie beliebig instrumentierbar. Bald als Instrument zur Herstellung eines Sozialismus der Selbstregierung der Produzenten eingestuft, bald als Instrument zur Abschirmung der bürgerlichen, wirtschaftlichen Privatsphäre geschätzt: Bürgerinitiativen können beides sein; aber weil sie beides sein können, dürfen sie weder mit allzu großen Hoffnungen ausgestattet noch mit allzu großen Befürchtungen belastet werden.

Die Gefahr, daß Bürgerinitiativen durch eine eindimensionale Sicht ihrer Möglichkeiten falsch eingeschätzt werden, teilen sie mit dem Modell der Rätedemokratie. Auch diese wird in der theoretischen Diskussion oft mit Hoffnungen überfrachtet, die dieses Modell nicht einlösen kann, oder als Gefahr gesehen, die dieses Modell nicht in diesem befürchteten Ausmaß ist. Bürgerinitiativen und Rätedemokratie haben jedoch nicht nur diese inhaltliche Ambivalenz gemeinsam, sondern auch daß sie mehr direkte Demokratie bringen wollen, daß sie das bestehende System indirekter Demokratie durch eine neue Form plebiszitärer Demokratie ersetzen wollen.

Hinter der Etikette „Rätedemokratie" verbergen sich Bestrebungen, die nicht einfach auf einen gemeinsamen Nenner gebracht werden. Allen diesen rätedemokratischen Strömungen ist jedoch gemeinsam, daß sie dem „ehernen Gesetz der Oligarchie" entgegenarbeiten wollen. Sie wollen mehr und bessere Demokratie erreichen, indem sie vor allem zwei Einrichtungen einführen:
– Dezentralisierung und gestufte Legitimation; die jeweils untere Ebene der Entscheidung delegiert ihre Vertreter in die nächsthöhere Ebene, so daß die Delegierenden keinen zu großen, ihre Kontrollrechte beschneidenden Abstand haben.
– Gebundenes, imperatives Mandat; die Delegierten (Gewählten) sind von den Delegierenden (Wählern) nicht nur am Wahltag abhängig, sie können vielmehr jederzeit zurückberufen werden und müssen Aufträge ihrer Wähler ausführen.

Diese beiden Einrichtungen und das dahinterstehende Mißtrauen gegenüber dem System einer Volksvertretung, in dem sich die Volksvertreter nur in relativ größeren Abständen dem Schiedsspruch des Volkes stellen und in dem die Entscheidungsebene vom Volk allzu weit entfernt erscheint, verbinden Bürgerinitiativen und Rätedemokratie. Man kann die Rätedemokratie auch als geschlossenes Muster einer weitgehenden Selbstregierung der Bürger bezeichnen, als geschlossenes System einer Regierung durch und über Bürgerinitiativen. Wenn Bürgerinitiativen nicht nur Ergänzung und Korrektiv sein sollen, wenn sie eine geschlossene Alternative zum bestehenden Repräsentativsystem bilden sollen, dann ist eine direkte Demokratie nach dem Zuschnitt des Rätesystems die logische Folge.

In dieser weitestgehenden Interpretation von Bürgerinitiativen sind diese das wichtigste Instrument der Artikulation der Interessen der Betroffenen. Sie stehen in dieser möglichen Funktion den Parteien alternativ gegenüber, die die Aufgabe der Interessenartikulation im Repräsentativsystem des Parlamentarismus wahrnehmen. (Vgl. Tabelle 10.)

Tabelle 10: Repräsentatives und plebiszitäres System

	repräsentativ	plebiszitär
Interessen-artikulation	Parteien, traditionelle Verbände	Bürgerinitiativen
Institutionalisierung	Parteienstaatlicher Parlamentarismus	Dezentralisiertes Rätesystem
Arbeitsteilung	Freies Mandat der Volksvertreter	Gebundenes Mandat der Volksbeauftragten

Es geht in der politischen Praxis freilich nicht um eine so strenge Gegenüberstellung repräsentativer und plebiszitärer Demokratie. Es geht um Mischverhältnisse. Was Peter v. Oertzen über die praktischen Möglichkeiten des Rätesystems ausgesagt hat (v. Oertzen, S. 181 ff.), daß bestimmte Elemente der Rätedemokratie als Ergänzung zur bestehenden parteienstaatlichen und parlamentarischen Demokratie hinzutreten können, das kann und muß grundsätzlich auch für Bürgerinitiativen gelten: auch bei einem weitgespannten Anspruch an Bürgerinitiativen sind diese zunächst keine geschlossene, vollkommene Alternative zu den Parteien. Sie sind freilich eine Art von Drohung, von Warnung an die Parteien – falls diese nicht ausreichend die Interessen betroffener Bürger vertreten, bilden sich in dem dann entstehenden Hohlraum direkt demokratische Kanäle, die langfristig auch die Funktion der Parteien überhaupt bedrohen können. Bürgerinitiativen sind nicht ad hoc, in der Gegenwart und in der überschaubaren Zukunft eine praktikable Alternative zur indirekten, von Parteien getragenen Demokratie. Aber Bürgerinitiativen könnten eine Entwicklung auslösen, die langfristig zur Ablösung der Parteiendemokratie führen könnte.

Daß langfristig Bürgerinitiativen aber durchaus den repräsentativ demokratischen Parteienstaat bedrohen könnten, zeigen die 1975 veröffentlichten Ergebnisse einer Wählerbefragung in der Bundesrepublik. Im Umkreis von zwei geplanten Atomkraftwerken (Wyhl und Ludwigshafen) wurde einem repräsentativen Querschnitt der Wohnbevölkerung folgende Meinungsalternative vorgelegt:

Meinung A: „Wir brauchen keine Bürgerinitiativen. Wir können doch zur Wahl gehen oder auch in einer Partei unsere Meinung vertreten."

Meinung B: „Die Regierung und die Parteien hören ja doch nicht auf uns. Deshalb müssen wir unsere Interessen in einer Bürgerinitiative selbst vertreten."

Für die Meinung A entschieden sich 16 Prozent, für die Meinung B 47 Prozent. Die übrigen Befragten entschieden sich für Zwischenantworten oder hatten keine eigene Meinung (Ebert, S. 2).

Hinter dieser Meinungsalternative verbirgt sich eine Demokratiealternative. Die Meinung A formuliert das Demokratieverständnis, das hinter dem parteienstaatlichen Parlamentarismus steht. Die Meinung B hingegen drückt eine weitgehende Verdrossenheit mit den Parteien und der Volksvertretung aus und ist so formuliert, daß Bürgerinitiativen hier nicht als Ergänzung, sondern als grundlegende Alternative zu den Parteien aufscheinen. Für diese alternative Demokratievorstellung hat sich eine eindeutige, relative Mehrheit von betroffenen Bürgern entschieden. Dieses Meinungsbild muß als Beleg dafür gewertet werden, daß zwar kurzfristig Bürgerinitiativen Lückenbüßer der Parteiendemokratie sind, daß sie aber langfristig auch Ausdruck einer Alternative sein könnten – nämlich dann, wenn die Parteien vorhandene Zeichen grundsätzlicher Unzufriedenheit nicht aufzufangen verstehen.

Die Einrichtungen und die Akteure der indirekten Demokratie – Parteien, Verbände, Parlamente, Regierungen,

Verwaltung – gefährden langfristig ihre eigene Stellung dann, wenn sie die vorhandene Unzufriedenheit mit der repräsentativen Demokratie unterschätzen, wenn sie Bürgerinitiativen als bloß vorübergehende oder unsinnige Erscheinung abtun. Je mehr sich etwa Parteien oder Verwaltungsorgane bemühen, Bürgerinitiativen als Warnsignale für Demokratiedefizite zu verstehen, desto eher kann einer wirklichen Gefährdung der repräsentativen Demokratie vorgebeugt werden.

Für den konkreten Umgang mit Bürgerinitiativen bedeutet dies, daß Parteien und Verbände, daß Politiker und Beamte dann im eigenen, wohlverstandenen Interesse handeln, wenn sie Bürgerinitiativen ernst nehmen; wenn sie mit Bürgerinitiativen möglichst intensiv zusammenarbeiten; wenn sie Bürgerinitiativen auf diese Weise in das bestehende System einzubinden versuchen. Jede grundsätzliche Frontstellung gegen Bürgerinitiativen macht aus diesen nicht bloß Warnsignale, sondern eben wirkliche Alternativen. Jede grundsätzliche Zusammenarbeit mit Bürgerinitiativen entschärft die latente Drohung, daß hinter diesem Phänomen eine neue, völlig andere Konzeption von Machtverteilung und Demokratie sich ausbreiten könnte.

4. Legitimitätsprobleme von Bürgerinitiativen

Bürgerinitiativen wollen politische Entscheidungen verhindern oder herbeiführen. Sie treten dabei grundsätzlich mit einem demokratischen Anspruch auf. Sie sprechen im Namen eines Teils des Souveräns, im Namen eines Teils des Volkes, im Namen von Bürgern. Bürgerinitiativen sind Instrumente zur Durchsetzung von Interessen des Volkes.

Dieser demokratische Anspruch verbindet Bürgerinitiativen mit politischen Parteien. Auch Parteien sind nicht Selbstzweck, sondern Mittel zum Zweck der Durchsetzung von Interessen, die auf das Volk zurückgeführt werden können. Bürgerinitiativen und Parteien geben vor, nicht für bestimmte Funktionäre, nicht für bestimmte Eliten zu handeln, sondern für betroffene Bürger, für Mitglieder und Wähler.

Bürgerinitiativen und Parteien bauen auf eine demokratische Legitimität. Ihr demokratischer Anspruch berechtigt sie, in einer Demokratie politischen Einfluß zu nehmen – um Entscheidungen zu verhindern, um Entscheidungen herbeizuführen. Diese Bindung an den demokratischen Souverän, an das Volk, berechtigt sowohl Bürgerinitiativen als auch Parteien zu handeln. Ohne diese Verknüpfung mit dem Volk, ohne ihren demokratischen Anspruch könnten weder Bürgerinitiativen noch Parteien irgendeine Berechtigung dafür ableiten, daß sie bestimmte Adressaten unter Druck setzen, daß sie eine bestimmte Machtverteilung beeinflussen.

Die Art und Weise freilich, mit der Parteien und Bürgerinitiativen ihre Rechtfertigung zur Geltung bringen können, ist verschieden. Für Parteien besteht eine objektive, meßbare Art der Rechtfertigung; Bürgerinitiativen müssen kompliziertere Formen der Rechtfertigung finden, ihre Legitimität ist schwieriger zu messen und zu beurteilen.

Der demokratische Anspruch bei beiden Formen, bei

Parteien und Bürgerinitiativen, läßt letztlich nur eine Form der Gewichtung und damit der Legitimität zu – die Zahl der Bürger, die hinter einer Partei oder hinter einer Bürgerinitiative stehen. Diese Zahl muß in einer Demokratie der Maßstab sein, nach dem Art und Umfang des Einflusses der verschiedenen Interessen festgelegt werden. Diese Maßzahl des demokratisch gerechtfertigten Einflusses ergibt sich bei Parteien durch ihre Teilnahme an Wahlen – die Zahl der Stimmen, die eine Partei auf sich vereinigen kann, ist der Schlüssel für den Einfluß dieser Partei. Parteien werden, indem sie sich an Wahlen beteiligen, gewogen und gewichtet.

Bürgerinitiativen sind einem ähnlichen Vorgang der Zählung und Gewichtung nicht unterworfen. Es fehlt ihnen das Element quantitativer Kompetitivität: Eine Bürgerinitiative ist nicht gezwungen, das Ausmaß ihrer Legitimität, ihres Machtanspruches im offenen Konkurrenzkampf gegen andere Bürgerinitiativen nachzuweisen.

Daher können auch Unterstützungserklärungen, Beitritte und andere Formen organisatorischer Bindung an Bürgerinitiativen den Wahlvorgang nicht gleichwertig ersetzen. Die Beteiligung an einer Bürgerinitiative gleicht der Mitgliedschaft in einer Partei, nicht jedoch dem Wählen einer Partei. Selbst wenn ein objektiver Vorgang der Zählung der Aktivisten in einer Bürgerinitiative gefunden werden könnte, ersetzt das nicht den Legitimitätsnachweis, dem eine Partei in einem Wahlvorgang ausgesetzt ist.

Bürgerinitiativen müssen ihre Legitimität indirekt nachweisen. Grundsätzlich bezieht sich ein solcher Nachweis immer auch auf die Zahl der vertretenen Bürger. Diese Zahl kann freilich in einer objektiven Weise, die mit dem Wahlvorgang gleichgesetzt werden könnte, nur in Form eines Plebiszits (Volksabstimmung, Referendum) festgestellt werden. Ohne Plebiszit, das nur in Einzelfällen (häufig in der Schweiz) angewendet wird, müssen die Behauptungen von Bürgerinitiativen, sie würden eine entscheidend große, jedenfalls eine relevante Zahl von Bürgern vertreten, einer entsprechenden kritischen Befragung ausgesetzt werden.

Diese Frage nach der Legitimität von Bürgerinitiativen konzentriert sich auf drei Ebenen:
- Vertritt eine Bürgerinitiative das Interesse bestimmter Teile der betroffenen Bevölkerung, und wenn ja, welcher Teile? Wie repräsentativ ist eine Bürgerinitiative für die betroffenen Bürger?
- Vertritt eine Bürgerinitiative lokale Sonderinteressen, und wenn ja, wie können diese mit überlokalen Interessen in Einklang gebracht werden? Wie lokal ist eine Bürgerinitiative?
- Vertritt eine Bürgerinitiative die Interessen der betroffenen Bürger aus eigenem Antrieb, also grundsätzlich spontan, oder ist sie von einer Partei oder einem Verband oder von anderen Interessen ferngesteuert? Wie autonom ist eine Bürgerinitiative?

Erst die Beantwortung dieser Fragen kann in jedem einzelnen Fall Auskunft darüber geben, wie es um die Legitimität einer Bürgerinitiative bestellt ist. Es genügt nicht der Anspruch, ,,das Volk" oder ,,das Gemeinwohl" zu vertreten, auch nicht der Anspruch, die ,,wahren" Interessen einer bestimmten Stadt oder einer bestimmten Klasse oder eines bestimmten Standes zu repräsentieren. Dieser allgemeine Versuch, Legitimität zu behaupten, muß immer hinterfragt werden. Nur die Betroffenen selbst können aus Leerformeln echte Ansprüche machen. Erst die Zustimmung der Betroffenen verschafft Bürgerinitiativen ein demokratisch legitimes Gewicht. Und jede Behauptung, daß diese Zustimmung in ausreichendem Maße gewährleistet ist, muß den folgenden Fragen unterworfen werden.

4.1 Soziale Schichtung von Bürgerinitiativen

Die modernen Stadtlandschaften sind der Mutterschoß der Bürgerinitiativen. Die Tatsachen der betonierten Wohnmaschinen, der Industrieabgase, des krebsartig wuchernden Verkehrs, der insgesamt abnehmenden Lebensqualität erzeugen die Probleme, die Bürger dazu bringen, sich politisch zu Initiativen zusammenzuschließen.

Die modernen Stadtlandschaften sind sozial nicht gleichmäßig. Ebensowenig sind es ihre Produkte, die Bürgerinitiativen. In den Großstädten haben manche Bezirke hohe Lebensqualität. Schöne Wohnungen, wenig Durchgangsverkehr, viele Grünflächen; andere Bezirke haben wenig Lebensqualität, sie sind durch Belästigungen der Enge, des Lärms, der Luftverschmutzung beeinträchtigt. In den modernen Großstädten existieren arme neben reichen Wohngegenden.

Bürgerinitiativen geben auch auf diese Ungleichheit eine Antwort. Es sind jedoch weniger die armen, die benachteiligten Bezirke, die Bürgerinitiativen hervorbringen; es sind vielmehr die ohnehin bevorzugten, wohlhabenden Gegenden, aus denen Bürgerinitiativen kommen. Bürgerinitiativen sind keineswegs eine politische Waffe in den Händen der besonders schlechtgestellten Bürger, sie sind viel eher eine Waffe in den Händen derer, die ihre – relative – Besserstellung verteidigen wollen.

Für die Ungleichheit der modernen Städte ist das Konglomerat des Ruhrgebietes ein anschauliches Beispiel. Robert Bosshard beschreibt die „impertinente Regelmäßigkeit", mit der sich vier Zonen durch das gesamte Ruhrgebiet ziehen – die südliche Grünzone als bevorzugte Wohngegend der Privilegierten, die Zone des Mittelstandes, die Zone der Industrie- und Handelszentren und die nördliche Zone als Wohngegend der Benachteiligten (Bosshard, S. 140).

Diese ungleiche Verteilung von Lebensqualität führt nicht dazu, daß die Benachteiligten die eigentlichen Träger von Bürgerinitiativen wären. Ein Blick auf die Unterlagen, die etwas über die soziale Zusammensetzung der Bürgerinitiativen aussagen, liefert eindeutige Ergebnisse. Gerade und auch im Ruhrgebiet sind es nicht Unterschichten und untere Mittelschichten, sondern Oberschichten und obere Mittelschichten, die Bürgerinitiativen organisieren und zur Durchsetzung ihrer Interessen benützen. (Vgl. Tabelle 11.)

Tabelle 11: Soziale Schichtung der Mitarbeiter von Bürgerinitiativen am Beispiel des Ruhrgebietes

Berufe der Mitarbeiter	abs.	rel.
Selbständige, Kaufleute	12	26,7
Angestellte, Beamte (Verwaltung)	9	20,0
Angestellte (Wirtschaft)	8	17,8
Arbeiter	2	4,4
Schüler, Studenten, Lehrlinge	2	4,4
Hausfrauen	1	2,2
Rentner	0	0,0
keine dominierende Gruppe	6	13,3
sonstige	3	6,7
k. A.	2	4.5
Summe	45	100,0
(Mehrfachnennungen)		

Quelle: Borsdorf-Ruhl, Tabelle III/68.

Wie diese Untersuchung der Mitarbeiter von Bürgerinitiativen im Ruhrgebiet zeigt, sind es eben die Bewohner der südlichen Zonen, die Bürgerinitiativen zu ihrem Anliegen machen: die typischen Bewohner der nördlichen Zonen des Gebietes, die Arbeiter, sind in auffallend krasser Weise unterrepräsentiert.

Die Initiativen in diesem modellartig städtische Probleme zeigenden Ruhrgebiet sind für die Bevölkerung dieses gesamten Gebietes nicht repräsentativ. Sie sind eindeutig mittel- bis großbürgerlich, kaum kleinbürgerlich, erst recht nicht proletarisch. Sie sind überdies in ihrer Alters- und Geschlechtsstruktur kein Spiegelbild der Bevölkerung des Gebietes. Sowohl junge als auch alte Bürger sind deutlich geringer vertreten als Bürger zwischen 35 und 50 Jahren. Und die überwältigende Mehrzahl der Mitarbeiter dieser Initiativen ist männlichen Geschlechts (Borsdorf-Ruhl, S. 78).

Diese berufs-, alters- und geschlechtsspezifische Struktur verbindet Bürgerinitiativen mit politischen Parteien. Auch diese sind auf der Ebene der Aktivisten und auf der Ebene der Parteiführer ähnlich strukturiert – Frauen sind eine kleine Minderheit, junge und alte Mitglieder spielen gegenüber den Mitgliedern der mittleren Jahrgänge eine untergeordnete Rolle, Vertreter der sozial schwachen Schichten sind mehr oder minder deutlich in einer Außenseiterposition. Die Informationen, die über das innere Gefüge von Bürgerinitiativen vorliegen, deuten jedenfalls darauf hin, daß Bürgerinitiativen strukturell eher Parteien gleichen, als daß sie sich von ihnen grundlegend unterscheiden.

Diese Informationen gelten keineswegs nur für die Initiativen im Modellgebiet an der Ruhr, sie gelten darüber hinaus ganz allgemein. So lassen die Untersuchungen, die über Initiativen in allen Gegenden der Bundesrepublik angestellt worden sind, parallele Schlußfolgerungen zu den Ergebnissen der Untersuchung der Initiativen im Ruhrgebiet zu. Die mittel- bis oberschichtige und die männliche Gewichtung von Bürgerinitiativen ist das Ergebnis aller bekannten Analysen. Nur bezüglich der Altersstruktur kommen einige Untersuchungen zu etwas anderen Resultaten – der Altersdurchschnitt ist manchmal jünger als der, den die Initiativen im Ruhrgebiet aufweisen (Armbruster, Leisner, S. 156 bis 165).

Die soziale Schichtung von Bürgerinitiativen steht in einem gewissen Gegensatz zu den Parteisympathien, die sich – in der Bundesrepublik – bei Mitarbeitern von Bürgerinitiativen feststellen lassen. Zwar gibt es keine wirklich genauen Untersuchungen, die das Verhältnis der Bürgerinitiativen zu den Parteien exakt messen würden, aber die in den einzelnen Arbeiten zusammengetragenen Hinweise deuten darauf hin, daß

– der Anteil von Parteimitgliedern in Bürgerinitiativen jedenfalls nicht auffallend hoch ist;
– der Anteil von Mitgliedern der FDP eher hoch ist;
– der Anteil von Mitgliedern der SPD eher höher sein dürfte als von Mitgliedern der CDU/CSU.

Diese Aussagen zur parteipolitischen Nähe der Mitarbeiter der Bürgerinitiativen scheinen zu den Aussagen über die soziale Schichtung nicht zu passen. Die Partei, die im politischen Spektrum der Bundesrepublik von der großen Mehrheit der Arbeiter gewählt wird, die SPD, ist unter den Mitarbeitern von Bürgerinitiativen eher stärker durch ihre Mitglieder vertreten als die Partei, die die große bürgerliche Partei des Landes ist, die CDU/CSU. Das schwergewichtig bürgerliche Phänomen Bürgerinitiative und das ebenfalls schwergewichtig bürgerliche Phänomen CDU/CSU kommen nicht vollständig zur Deckung; die schwergewichtig proletarische SPD kommt mit den schwergewichtig bürgerlichen Initiativgruppen eher zurecht.

Dies muß einmal unter dem spezifischen Gesichtspunkt der westdeutschen politischen Landschaft der späten sechziger und frühen siebziger Jahre gesehen werden. Die Aufbruchsstimmung, der Reformoptimismus dieser Jahre, der mit der Studentenbewegung und mit dem Beginn der Koalition SPD/FDP zusammenfällt, hat den Koalitionsparteien Wählerschichten und Mitglieder zugetrieben, die sowohl reformeifrig als auch bürgerlicher Herkunft waren. Es sind offenkundig die nicht proletarischen Aktivisten und Sympathisanten der SPD und die Aktivisten und Sympathisanten der FDP, die das Erscheinungsbild der Bürgerinitiativen prägen. Es sind jedenfalls nicht die Stammwählerschichten, die Kerngruppen der Sozialdemokratie, die hinter den Initiativen stehen.

Der scheinbare Gegensatz von sozialer Schichtung und parteipolitischer Ausrichtung von Bürgerinitiativen wird noch weiter dadurch relativiert, daß eben nur eine kleine Minderheit innerhalb der Initiatoren und Mitarbeiter von Bürgerinitiativen einer politischen Partei eindeutig zugeordnet werden kann. Für die Mehrzahl der in Bürgerinitiativen Aktiven liegen keine gesicherten Aussagen vor, die irgendwelche eindeutigen Parteisympathien erkennen lassen. Aufgrund der sozialen Zusammensetzung der Initiativen kann jedoch mit einer gewissen Wahrscheinlichkeit vermutet werden, daß unter den Aktivisten, die nicht eindeutig zu einer Partei gehören, viele als Wähler eher zur

CDU/CSU neigen. Daß einige besonders spektakuläre Bürgerinitiativen politisch eindeutig „links" eingeordnet werden können, kann darüber nicht hinwegtäuschen, daß gesellschaftsverändernde Ziele von Initiativen eher die Ausnahme sind, daß Initiativen eher von Mittel- und Oberschichten getragen werden, daß daher ganz allgemein auch politisch „rechte" Einstellungen innerhalb der Bürgerinitiativen überwiegen dürften.

Die parteipolitische Struktur von Bürgerinitiativen muß auch von Land zu Land verschieden beurteilt werden. Was hier über das Näheverhältnis von Initiativen zu den Parteien der Bundesrepublik ausgeführt wird, kann keinesfalls einfach auf die parteipolitische Landschaft anderer Staaten, etwa auf die Situation in Schweden oder Italien, in den USA und Japan, übertragen werden. Nicht nur geographisch und räumlich, sondern auch zeitlich ist die Nähe oder die Distanz von Bürgerinitiativen zu Parteien unterschiedlich. Daß heute bei bestimmten Initiativen eher die Aktivisten der einen Partei überwiegen, kann morgen schon ganz anders sein. Wenn die Politik einer Partei heute Angriffspunkt von Bürgerinitiativen ist, so kann schon morgen eben diese Partei indirekt Nutznießer anderer, neuer Bürgerinitiativen sein. Die parteipolitische Struktur von Bürgerinitiativen ist höchst flexibel.

Die soziale Struktur von Bürgerinitiativen ist hingegen sehr stabil. Daß Bürgerinitiativen in verschiedenen Staaten, in unterschiedlichen Parteisystemen, unabhängig von politischer Kultur und nationaler Tradition generell eher ein Instrument der sozial Starken sind und nur selten ein Instrument der sozial Schwachen, wirft ein schwerwiegendes Legitimationsproblem auf. Es liegt der Verdacht nahe, daß der freie Zusammenschluß von Bürgern unterhalb der Ebene der Parteien und jenseits des Parteienstaates letztlich doch ein Hilfsmittel konservativer und reaktionärer Interessen ist. Wenn eher die Wohlhabenden, eher die Besitzenden, eher die Bewohner privilegierter Bezirke, eher die Eltern bessergestellter Kinder sich zu Bürgerinitiativen zusammenschließen – wird nicht dadurch ein bestehendes soziales Ungleichgewicht noch verstärkt? Wenn Bürgerinitiativen eine Waffe zur Verteidigung derer sind, die auf der Sonnenseite der Gesellschaft stehen – sind diese Anfänge einer neuen, direkteren Demokratie nicht letztlich doch nur ein scheindemokratisches Mittel der alten Oligarchien?

Dieses Mißtrauen und dieser Verdacht, daß die oft so radikaldemokratisch auftretenden Bürgerinitiativen nur für die da sind, denen es ohnehin besser geht, drückt Claus Offe aus, wenn er behauptet, ,,daß kommuneartige Formen eines solidarischen und zugleich haushaltstechnisch rationelleren Zusammenlebens ebenso wie die anti-autoritären Kindergärten leicht aus dem Kontext der politischen Intentionen, in dem sie entstanden sind, herausgelöst und auf die spezifischen Komfortbedürfnisse einer gehobenen städtischen Mittelschicht zugeschnitten werden können; das ist in einigen Fällen geschehen. In ihnen haben wir es mit einer Perversion politischer Bürgerinitiativen in politisch belanglose Formen kollektiver Selbsthilfe zu tun; statt politischer Organisation entsteht ein genossenschaftlicher Dienstleistungsbetrieb für die, die es sich leisten können" (Offe, S. 162).

Diese Kritik ist nur verständlich, wenn man von den hohen, radikaldemokratischen Erwartungen ausgeht, die oft mit Bürgerinitiativen verknüpft werden. Wenn von Bürgerinitiativen erwartet wird, daß sie ein neues Mittel zur Herstellung einer neuen sozialen Gerechtigkeit, ein Instrument zur Umwälzung gesellschaftlicher Verhältnisse im Interesse der Schwächeren und Unterdrückten sind, dann müssen die Befunde über die soziale Wirklichkeit der Initiativen enttäuschen. Gegen die Tatsache, daß bestimmte gesellschaftliche Gruppen, eben Mittel- und Oberschichten, in Bürgerinitiativen besonders stark vertreten sind, kann an sich ebensowenig etwas eingewendet werden wie gegen die schon lange bekannte Tatsache, daß auch in den Parteien und in den traditionellen Verbänden die Bevölkerung nicht spiegelbildlich vertreten ist.

Bürgerinitiativen sind grundsätzlich genauso (oder genausowenig) repräsentativ wie Parteien und Verbände. Sie bringen bestimmte Interessen deshalb stärker zum Ausdruck, weil bestimmte Gruppen ihre Probleme und Ziele besser artikulieren und thematisieren können. Bürgerinitiativen sind, wie Parteien und Verbände auch, für politisch bewußtere Gruppen offener als für politisch weniger bewußte. Da Bewußtsein, auch politisches Bewußtsein, mit sozialem Status (Besitz, Einkommen, Bildung, Beruf) kausal zusammenhängt, darf die soziale Gewichtung innerhalb der Bürgerinitiative nicht überraschen.

Die soziale Repräsentativität von Bürgerinitiativen rückt diese in die Nähe politischer Parteien. Bürgerinitiativen sind zwar ein relativ neues Instrument der Artikulation und Durchsetzung von Interessen, aber sie dienen nicht grundsätzlich anderen Zielen als die traditionellen Instrumente auch. Bürgerinitiativen sind zwar in der politischen Auseinandersetzung ein neues, belebendes Element, aber sie bringen nicht wirklich neue Ziele. Bürgerinitiativen sind ein neues Vehikel, das den unabhängig davon schon bestehenden Interessen zur Verfügung steht.

Der Mangel an sozialer Repräsentativität und die Nähe, die Bürgerinitiativen in ihrer sozialen Schichtung zu Parteien aufweisen, belegen nur, daß Bürgerinitiativen weder mit allzu großen Hoffnungen noch mit allzu großen Befürchtungen befrachtet werden sollen. Bürgerinitiativen können nicht etwas in das Spiel der politischen Kräfte einbringen, das vollständig neu wäre. Bürgerinitiativen sind nicht so neuartig und so stark, wie es oft sowohl die Propheten einer neuen als auch die Wächter der alten Gesellschaftsordnung erhoffen oder befürchten.

4.2 Lokale und überlokale Orientierung

Hinter der Frage nach der sozialen Schichtung von Bürgerinitiativen steht der Verdacht, diese relativ neue Form der Durchsetzung von Interessen würde eine Nebelwand radikaldemokratischer Ansprüche nur deshalb aufrichten, um dahinter um so ungestörter die Absichten einiger weniger ohnehin durch Bildung und Wohlstand privilegierter Bürger verwirklichen zu können. Hinter der Frage nach der lokalen oder überlokalen Ausrichtung von Bürgerinitiativen steht ebenfalls ein Verdacht – die Vermutung, Bürgerinitiativen wären in vielen, oder auch in den meisten Fällen nur Ausdruck einer provinziellen Kirchturmpolitik.

Es ist die Vermutung fehlender Staatlichkeit. Der Staat als Klammer zwischen Einzelinteressen, der Staat als Schiedsrichter zwischen den Parteien, der Staat als Integrator, der verhindert, daß der Wettstreit der Interessen zur Anarchie verkommt. Bürgerinitiativen könnten den Staat unterlaufen, sie könnten ihn lahmlegen, sie könnten die staatliche Entscheidungsfähigkeit entscheidend beeinträchtigen.

Diese Sorge um die Rolle des Staates als Konfliktregler ist das Gegenstück zur Hoffnung, Bürgerinitiativen würden mehr Bürgernähe und mehr Bürgerkompetenz bringen. Der Verlust an Staatlichkeit als Preis für die Mitsprache der Betroffenen: im Extremfall bedeutet dies die Ersetzung des demokratischen Staates durch ein chaotisches Nebeneinander demokratischer Gemeinden und demokratischer Stadtviertel. Diese Folge, konsequent zu Ende gedacht, schließt die totale Auflösung des Staates in eine desorganisierte, jedenfalls dezentralisierte Gesellschaft mit ein.

Daß diese kritische Frage nach der gesamtgesellschaftlichen und nicht bloß teilgesellschaftlichen Legitimation von Bürgerinitiativen berechtigt ist, beweisen Erscheinungsformen, die unter dem Begriff „St.-Florians-Prinzip" zusammengefaßt werden. Der heilige Florian, im katholischen süddeutschen und österreichischen Raum der Schutzheilige gegen Feuersnot, galt in einer vorindustriellen Entwicklungsphase dieser Gebiete auch als Verursacher von Feuer. Dementsprechend auch das bäuerliche Gebet:

„Heiliger Sankt Florian,
verschon mein Haus, zünd's andere an."

Vor allem reaktive, negative Bürgerinitiativen folgen oft diesem Prinzip. Der Flughafen, die Müllverbrennungsanlage, das Kraftwerk, die Schnellstraße – diese Begleiterscheinungen technischer und gesellschaftlicher Entwicklungen werden nicht grundsätzlich in Frage gestellt; sie sollen bloß nicht im eigenen Umfeld, in der eigenen Gemeinde, im eigenen Bezirk, im eigenen Kreis gebaut werden. Der „Schwarze Peter" wird weitergereicht. Die Frage politischer Entscheidungen, politischer Rechtfertigungen, politischer Interessen ist nur dann interessant, wenn man selbst unmittelbar betroffen ist; sobald die Nachteile andere treffen, ist man gleichgültig oder sogar froh, weil man dann nicht mehr selbst getroffen werden kann.

Ein Gegenstück zur Konkurrenz zwischen reaktiven, negativen Bürgerinitiativen ist die Konkurrenz zwischen aktiven Bürgerinitiativen. Im ersten Fall, dem Fall des „St.-Florians-Prinzips", führen Bürgerinitiativen einen negativen Konkurrenzkampf; niemand will etwas haben. Im zweiten Fall führen Bürgerinitiativen einen positiven Konkurrenzkampf, jeder will etwas haben. Die neue Industrieansiedlung, den neuen Naturpark, den Sitz der regionalen Verwaltungsbehörden; Bürgerinitiativen wollen den Zuschlag für die eigene Gemeinde, den eigenen Bereich, ohne Rücksicht auf die Berechtigung der Ansprüche anderer.

Der relativ häufig zu beobachtende negative Konkurrenzkampf und der weniger häufig zu beobachtende positive Konkurrenzkampf zwischen Bürgerinitiativen zeigt ein Defizit an Solidarität. Die bloße Bindung an lokale Interessen, das Fehlen eines überlokalen Korrektivs erzeugt eben jene Atmosphäre von Provinzialität, von Dorfegoismus, von Kirchturmpolitik. Die Folge (insbesondere eines negativen Konkurrenzkampfes) ist eine mögliche Handlungsunfähigkeit der Entscheidungsträger. Wenn alle in Frage kommenden Standorte die Errichtung eines Kraftwerkes ablehnen und wenn dazu Bürgerinitiativen organisiert werden und wenn diese Initiativen erfolgreich sind – dann wird eben überhaupt kein Kraftwerk gebaut.

Die Ursache eines bloß negativen, reaktiven Verhaltens von Bürgerinitiativen ist ein Defizit an Solidarität. Zum Wesen des „St.-Florians-Prinzips" gehört, daß die andere Gemeinde, der andere Stadtbezirk gleichgültig, ja sogar feindlich behandelt werden müssen. Um den eigenen Interessen zu nützen, müssen andere Interessen gleichgültig bleiben, ja muß sogar deren Verletzung begrüßt werden. Wenn Bürgerinitiativen nur nein oder ja für den eigenen Bereich sagen und die Wünsche von Mitbürgern in anderen Bereichen vollständig ausklammern, fehlt es an staatsbürgerlicher Solidarität, am Sinn für den Ausgleich der Interessen.

Bürgerinitiativen, die über die Vertretung eigener, lokaler Interessen nicht hinausblicken, sind Beiträge zu Verteilungskämpfen, denen unter Umständen die überlokale Verklammerung verlorengegangen ist. Wenn die Entscheidungsträger gegenüber allen einander widersprechenden Bürgerinitiativen druckempfindlich sind, wenn sie allen Bürgerinteressen nachgeben, dann ist die Entscheidungsunfähigkeit die Konsequenz.

Um ein solches Versinken von Bürgerinitiativen im Sumpf des lokalen Egoismus zu verhindern, kann und muß Solidarität hergestellt, kann und muß Solidarität gelernt werden. Voraussetzung für eine Solidarität, die nicht am Ende des eigenen Dorfes haltmacht, ist die Durchbrechung der Kirchturmperspektive, in der da und dort manche Bürgerinitiativen verhaftet sind.

Hans-Jürgen Benedict versucht thematische und geographische Lernschritte zu formulieren, die ein Bewußtsein einer überlokalen Solidarität schaffen sollen (Benedict, S. 33f.; vgl. Tabelle 12.) Beide Lernschritte setzen bei der unmittelbaren Betroffenheit ein – beim Wunsch, den eigenen Lebensbereich („Weinberg") zu schützen; beim Wunsch, das als Bedrohung empfundene Kraftwerk nur nicht hier zu haben. Beide Lernschritte führen gestuft zu den großen, überlokalen Problemstellungen – thematisch zum Frieden, geographisch zur Durchbrechung des „St.-Florians-Prinzips".

Tabelle 12: Lernschritte zur Herstellung von Solidarität

Quelle: Benedict, S. 33f.

Diese Lernschritte sind unabhängig von den dahinterstehenden Inhalten modellartig. Es geht dabei nicht um das Nein zur Atomenergie, sondern darum, daß die eigene, individuelle und lokale Betroffenheit in einen größeren Zusammenhang gebracht wird; es geht darum, das bloße Nein in Verbindung mit den Interessen anderer Betroffener zu bringen. Der Vorteil lokaler Bürgerinitiativen, nämlich die Umsetzung der eigenen Interessen in eigenes Handeln, muß auf diese Weise nicht mit dem Nachteil der provinziellen Beschränkung verbunden sein.

Die Gefahr der lokalen Verengung, der Kirchturmpolitik ist eine Bedrohung der demokratischen Legitimität von Bürgerinitiativen. Neben dieser den Effekt einer Entsolidarisierung einschließenden Gefahr kann die lokale Bezogenheit von Bürgerinitiativen noch eine zweite Gefahr bewirken: die Überwindung formaler, demokratischer Einrichtungen durch informelle, nichtdemokratische Bewegungen.

Die Unterscheidung zwischen formaler und informeller Macht betont, gerade im Hinblick auf lokale Politik, die in den USA entwickelte „Community-Power"-Forschung. Gerade in der Gemeinde ist das Gewicht der Honoratioren in Wirtschaft und Gesellschaft stark. Ein einzelner Unternehmer, ein einzelner Großgrundbesitzer, ein einzelner

Meinungsführer kann gerade auf der untersten politischen Ebene eine Macht ausüben, die der Macht der formalen Entscheidungsträger (Gemeindeparlament, Gemeindeverwaltung usw.) überlegen ist. Während auf der Ebene des Staates die formalen Machtträger (Parlamente, Regierungen usw.) gegenüber den informellen Machtträgern eher Selbständigkeit und Überlegenheit erworben haben, ist es auf lokaler Ebene um diese Selbständigkeit oft sehr schlecht bestellt, ist die Überlegenheit oft eher umgekehrt anzunehmen – als Überlegenheit der Honoratioren gegenüber den Gewählten.

Dieses Ungleichgewicht in der lokalen Politik ist durch zahlreiche Untersuchungen bestätigt – nicht als zwingende Notwendigkeit, sondern als wahrscheinliche Gegebenheit. Die bloße Dezentralisierung von Entscheidungen, die Abgabe von Macht an die Gemeinden, Bezirke und Regionen muß daher noch kein Mehr an Demokratie sein. Denn es sind die formalen Entscheidungsträger, die grundsätzlich demokratisch bestellt und demokratisch verantwortlich sind; und es sind die informellen Entscheidungsträger, die diesem Mechanismus der Demokratie nicht unterworfen sind.

Wegen dieses Ungleichgewichtes müssen gerade lokale Bürgerinitiativen differenziert gesehen werden. Sie können Ausdruck der Interessen der vielen Betroffenen sein; sie können aber auch Ausdruck der wenigen Betroffenen sein, eben der informellen Machtträger. Bürgerinitiativen im lokalen Bereich sind ebendarum nicht einfach und von vorneherein als Errungenschaft, als Erweiterung der Demokratie zu feiern. Sie können auch Druck sein, mit dem Sonderinteressen die demokratisch bestellten Organe zu beeinflussen trachten.

Bürgerinitiativen sind vorrangig Erscheinungen direkter Demokratie auf unterer, lokaler Ebene. Damit diese Erscheinungen mehr sind als Ausdruck lokaler Sonderinteressen, müssen sie von den beiden erwähnten Gefahren frei sein – von der Gefahr egoistischer Dorfpolitik, von der Gefahr privilegierter Honoratiorenpolitik. Bürgerinitiativen müssen sich deshalb immer der kritischen Frage stellen, wie sie bei Berücksichtigung von regionalen und lokalen Ansprüchen auch die Demokratie der höheren Ebenen fördern.

Demokratie ist auch, aber eben nicht nur eine Angelegenheit der unmittelbaren Nachbarschaft, der kleinen Einheit. Bürgerinitiativen als Beitrag zur Demokratie dürfen ebenfalls nicht nur im lokalen Politikfeld steckenbleiben. Sie müssen solidarisch eingebunden sein, sie müssen auch die Interessen anderer Bürger zumindest mitdenken, sie müssen es vermeiden, ein Mittel lokaler Machthaber gegen den lokalen Parlamentarismus zu sein.

4.3 Bürgerinitiativen und Fernsteuerung

Bürgerinitiativen treten mit dem Anspruch auf, die Wünsche und Vorstellungen betroffener Bürger direkt und nur im Interesse dieser Betroffenen zu vertreten. Dahinter steht die Behauptung der eigenen Autonomie: Nicht wahltaktische Absichten politischer Parteien, auch nicht größere strategische Pläne von Parteien oder Verbänden stehen hinter Bürgerinitiativen, sondern nur die Wünsche der Bürger.

Diese behauptete Autonomie der Bürgerinitiativen von Parteien und Verbänden ist die Voraussetzung dafür, daß solche Initiativen als selbständige Organisationen und Aktionen ergänzend und korrigierend neben die Parteien und Verbände treten. Bürgerinitiativen können nur dann als etwas Neuartiges betrachtet werden, wenn sie nicht verlängerter Arm irgendwelcher Parteien und Verbände sind, wenn sie nicht Spielball der Einrichtungen indirekter Demokratie sind. Bürgerinitiativen verdienen nur dann die Anerkennung als Ausdruck der Wiedergeburt der direkten Demokratie, wenn sie nicht ferngesteuert sind.

Dieser Verdacht der Fernsteuerung, der die spezifische Legitimität von Bürgerinitiativen in Frage stellt, ist eine verständliche Reaktion auf die Reaktion vor allem der Parteien. Denn sobald Bürgerinitiativen allgemein und bestimmte Bürgerinitiativen im besonderen erfolgreich sind, müssen lebendige politische Parteien in Versuchung kommen, sich an den Erfolg dieser Initiativen anzuhängen, sie für ihre eigenen Zwecke einzuspannen und so die Bürgerinitiativen aus einer bedrohlichen Alternative zu einer harmlosen Stütze zu machen.

Es gehört zum Wesen politischer Parteien, Wahlen gewinnen zu wollen. Deshalb ist der erwähnte Verdacht immer aktuell: Bürgerinitiativen, die Wähler in größerer Zahl anzusprechen vermögen, wirken auf Parteien wie ein Magnet. Es gehört zum Wesen von Bürgerinitiativen, Entscheidungsträger beeinflussen zu wollen. Deshalb ist der erwähnte Verdacht doppelt aktuell: Parteien als die im modernen Parteienstaat wichtigsten Entscheidungsträger wirken auf Bürgerinitiativen wie ein Magnet. Parteien und Bürgerinitiativen stehen zueinander in einem dialektischen Verhältnis wechselseitiger Abstoßung und Anziehung.

Die Frage nach einer möglichen Fernsteuerung von Bürgerinitiativen ergibt sich auch aus deren Einstufung als „Frühwarnsysteme" (vgl. Abschnitt 1 Punkt 4). Bürgerinitiativen sind zwar, zumindest auf den ersten Blick, als Herausforderung an die bestehenden Machtträger konzipiert. Bürgerinitiativen können aber auch als Tastorgane eben dieser Machthaber gedacht werden. Als „Frühwarnsysteme" sind Bürgerinitiativen nicht Herausforderer, sondern Hilfstruppen der etablierten Entscheidungsträger:

„In diesem Zusammenhang stellt sich die Frage, ob Bürgerinitiativen, die sich u. a. auf eine Verbesserung der Lebenschancen in genau diesen Bereichen der Reproduktion konzentrieren, nicht unwissentlich etwas fordern, was ohnehin auf der Tagesordnung steht, und sich damit zum Anhängsel statt zum radikalen Opponenten einer wohlfahrtsstaatlichen Administration machen .. Im Zuge einer solchen Politik der ‚Modernisierung' des Kapitalismus mögen ‚Bürgerinitiativen' sogar als willkommene Partner der

Verwaltung eine Rolle spielen, insofern sie als politische ‚Frühwarnsysteme' mögliche Konflikte und sich abzeichnende Entwicklungsengpässe rechtzeitig signalisieren und damit Hinweise geben, an welchen Stellen die Administration aktiv werden muß" (Offe, S. 163).

Dieser so allgemein formulierte Verdacht, Bürgerinitiativen könnten letztlich Bestehendes stützen, ist nur dann wirklich als „Verdächtigung" zu bezeichnen, wenn Bürgerinitiativen nicht nur an einem radikaldemokratischen, sondern auch an einem gesellschaftsverändernden Anspruch gemessen werden. Daß dieser Maßstab der komplizierten Wirklichkeit moderner Bürgerinitiativen nicht gerecht wird, daß vielmehr Bürgerinitiativen mindestens ebenso bestehende Verhältnisse stützen als diese verändern wollen, ist bereits im Abschnitt 2 Punkt 3 aufgezeigt worden. „Die" Bürgerinitiativen sind nicht dazu da, „den" Kapitalismus zu stürzen.

Diese Aussage kann auch noch dadurch gestützt werden, daß zum Beispiel in der Bundesrepublik Deutschland Initiativgruppen sehr oft Kontakte zu Parteien halten, daß diese Kontakte jedoch fast ausschließlich mit den etablierten, im Bundestag vertretenen Parteien bestehen. Systemverneinende Parteien auf der äußersten Linken, aber auch auf der äußersten Rechten sind für Bürgerinitiativen kein relevanter Partner. Bürgerinitiativen sind, eben weil sie erfolgreich sein wollen, wirklichkeitsbezogen; und ebendeshalb machtbezogen; und ebendeshalb auf die etablierten Entscheidungsträger konzentriert (Armbruster, Leisner, S. 178–181).

Das erwähnte dialektische Spannungsfeld zwischen Bürgerinitiativen und Parteien hat jedenfalls dazu geführt, daß die Parteien – als die sensibelsten Teile des politischen Systems – sich zunehmend der Bürgerinitiativen annehmen. Nach einer Phase der Ablehnung und Befremdung lernen Parteien im allgemeinen sehr rasch, sich an neue Entwicklungen anzupassen. Daß Bürger ihre Wünsche nicht mehr unbedingt im Weg über lokale Parteiorganisationen, sondern durch Selbstorganisationen formulieren, hat die Parteien dazu gebracht, auf Bürgerinitiativen möglichst freundlich zu reagieren. Die Parteien sind jedoch zunehmend auch dazu übergegangen, sich bereits in das Frühstadium von Initiativen einzuschalten.

Dies zeigt die schon erwähnte Untersuchung der Bürgerinitiativen im Ruhrgebiet. Parteien fungieren nicht mehr nur als Adressaten, sondern bereits als Initiatoren. (Vgl. Tabelle 13.)

Tabelle 13: Initiatoren von Bürgerinitiativen am Beispiel des Ruhrgebietes

Initiatoren	abs.	rel.
Einzelpersonen	12	31,6
Kirchen	2	5,3
Vereine, sonstige Organisationen	5	13,2
direkt Betroffene	11	28,9
Parteien	6	15,8
Gewerkschaften	0	0,0
Verwaltung	1	2,6
sonstige	1	2,6
k. A.	0	0,0
Summe (Mehrfachnennungen)	38	100,0

Quelle: Borsdorf-Ruhl, Tabelle III/61.

Der Prozentsatz der Initiativen, die von Parteien direkt begonnen worden sind, aber auch der Prozentsatz der von etablierten Verbänden („Vereine, sonstige Organisationen") gesteuerten Initiativen umfaßt bereits einen durchaus relevanten Anteil. Zwar bilden Einzelpersonen und direkt Betroffene noch die Mehrheit, aber sie besitzen nicht mehr ein Monopol.

Zumindest für die Initiativen, die von Parteien und Verbänden ins Leben gerufen werden, ist der Begriff „Bürgerinitiative" nicht gerechtfertigt. Parteien und Verbände benützen eine aktuelle, der Öffentlichkeit gut zu verkaufende Organisationsform. Bürgerinitiativen werden so zu Modeerscheinungen, die nicht mehr Herausforderung, sondern Absicherung sind.

Für diese Fälle ist der Begriff der Fernsteuerung durchaus angebracht. Von dem Phänomen der Bürgerinitiative bleibt nur mehr die Etikette, den Inhalt bestimmen die bereits vorhandenen Entscheidungsträger. Solche ferngesteuerten Initiativen dienen nicht der Beeinflussung, sondern der Absicherung bestehender Verhältnisse.

Eine solche Fernsteuerung ist selbstverständlich demokratisch legitim. Es kann einer Partei nicht vorgeworfen werden, daß sie Wähler organisiert, mit der werbewirksamen Bezeichnung „Bürgerinitiative" versieht und sich dann in ihrer Politik auf diese Gruppe beruft, also diese Gruppe zur Rechtfertigung der eigenen Politik benützt. Das alles ist im Rahmen der Spielregeln eines demokratischen Mehrparteiensystems. Nur verdient es nicht die Bezeichnung Bürgerinitiative, vielmehr ist es eine Technik, eine Modeerscheinung sich dienstbar zu machen. Solche ferngesteuerten „Bürgerinitiativen" besitzen keine eigenständige demokratische Legitimität, sie sind vielmehr ein Mittel, die Legitimität der Parteien zusätzlich zu stärken.

Einen Sonderfall der Fernsteuerung bilden die Wählerinitiativen. Bestimmte Personen und Personengruppen, denen eine besondere Anziehungskraft auf wahlentscheidende Grenzwählerschichten zugeschrieben wird, werben für eine Partei oder einen Kandidaten. Wählerinitiativen sind nicht unbedingt in dem Sinn ferngesteuert, daß sie allen Impulsen gehorchen, die von der Parteizentrale ausgehen. Aber sie sind von vornherein so organisiert, daß sie einer bestimmten Partei zuarbeiten, daß sie die Interessen dieser Partei verfolgen.

Ebendeshalb können Wählerinitiativen nicht als Bürgerinitiativen eingestuft werden. Unabhängig davon, ob die Initiatoren Parteifunktionäre oder Parteiunabhängige sind, ist der Adressat solcher Wählerinitiativen kein Entscheidungsträger. Wählerinitiativen zielen auf die Öffentlichkeit, auf die Bürger als Wähler, auf bestimmte Bürger- und Wählerschichten. Sie setzen die Parteien nicht unter Druck, sondern arbeiten einer Partei direkt zu.

Ferngesteuerte Initiativen, auch Wählerinitiativen, drehen die Stoßrichtung der Bürgerinitiativen um. Sie bringen nicht die Interessen bestimmter Bürger unter möglichst großem Druck in die Zentren politischer Entscheidungen, sondern sie organisieren die Unterstützung der Bürger für diese Zentren, für eine bestimmte Partei. Ferngesteuerte Bürgerinitiativen wirken nicht von „unten" nach „oben", sondern von „oben" nach „unten". Sie sind kein Instrument direkter Demokratie, sondern ein Instrument des Parteistaates, der indirekten Demokratie, ein Instrument zur Maximierung von Wählerstimmen, ein Instrument parteipolitischer Werbung.

In der Praxis der Bürgerinitiativen ist freilich eine Grenzziehung zwischen Bürgerinitiativen und deren Umkehrung durch Fernsteuerung oft nur schwer zu ziehen. Vor allem kann oft beobachtet werden, daß eine Bürgerinitiative zwar ohne Zutun der Parteien entsteht, daß aber nach erfolgreichem Beginn der Initiative die Parteien einsteigen wollen, die Bürgerinitiative für ihre Zwecke nützen wollen, sich an dem offenkundigen Erfolg der Initiative beteiligen wollen. Das Ergebnis eines solchen Einstieges von Parteien in Bürgerinitiativen sind teilweise ferngesteuerte Initiativen.

Kommen Bürgerinitiativen zu stark in das Feld der Anziehungskraft von Parteien, beginnen die Unterschiede zwischen diesen beiden Formen der Artikulation von Interessen zu verschwimmen. Bürgerinitiativen büßen ihre Autonomie schrittweise ein, sie werden allmählich zu Vorfeldorganisationen der Parteien. Ihre Aufgabe ist es dann, das Umfeld der Parteien in deren Interesse zu bearbeiten. Solche Vorfeldorganisationen, die – ferngesteuert – als „Bürgerinitiativen" den Anschein der Distanz zu den Parteien erwecken sollen, dienen der Anbindung von ursprünglich parteifernen Wählern an die Parteien.

Eine Partei, die eine Bürgerinitiative steuert oder benützt, will damit parteiungebundene Wähler in parteigebundene umwandeln, sie will aus neutralen sympathisierende Wähler und aus Stammwählern Parteiaktivisten machen. Ferngesteuerte Initiativen sind so ein Instrument der Integration von Wählern in politische Parteien.

Bürgerinitiativen, die erkennbar in einen solchen Sog der Parteiabhängigkeit kommen, verlieren damit ihre Durchschlagskraft. Sind sie einmal von der einen Partei integriert, verliert eben diese Partei das Motiv, die Anliegen der Initiative zu ihrem eigenen zu machen, da die Anbindung ja bereits gelungen ist. Die anderen mit der einen Partei konkurrierenden Parteien schreiben jedoch die Initiative ab, sie sind erst recht nicht motiviert, die Anliegen einer von der Konkurrenzpartei eingebundenen Bürgerinitiative zu vertreten. Die Bindung einer Bürgerinitiative an eine Partei vermindert in jedem Fall ihre Durchschlagskraft, da sie dann nicht mehr in der Lage ist, den Konkurrenzkampf der Parteien um Wählerstimmen für sich zu nützen.

Fernsteuerung vermindert sowohl die spezifische Legitimität als auch die Durchschlagskraft von Bürgerinitiativen. Theoretiker der Bürgerinitiativen sind sich darüber einig, daß ein Maximum an Autonomie der Initiativen auch ein Maximum an strategischer Freiheit und politischer Erfolge gewährleistet. Bürgerinitiativen müssen von denen möglichst unabhängig sein, die sie zu beeinflussen trachten – von den Entscheidungsträgern im allgemeinen, von den Parteien im besonderen.

Theodor Ebert hat in einem Referat im Rahmen der Nürnberger Friedenswoche 1975 diesen Zusammenhang als allgemeine Forderung formuliert:

„Deswegen sollte man sich wirklich darauf einigen, daß Parteipolitik aus den Bürgerinitiativen 'rauszuhalten ist ... Parteipolitik muß wirklich 'raus, wenn Sie eine breite Basis wollen" (Ebert, S. 11).

5. Bürgerinitiativen als Politisierung oder Entpolitisierung des Alltags

Bürgerinitiativen sind Instrumente zur Politisierung der untersten Ebene, der kleinsten Einheit der Gesellschaft. Sie bieten dem Individuum die Möglichkeit, sich weniger als bisher fremdbestimmen zu lassen, sich mehr als bisher eigenbestimmt in den Prozeß politischer Entscheidungen einzumengen. Sie sind ein protestierendes Korrektiv gegen die scheinbar unumschränkte Herrschaft von Großparteien und Großverbänden, von Bürokratie und Sachzwang. Sie sind Ausdruck einer Opposition, die, sich auf demokratische Grundwerte berufend, auch dort ihre Interessen politisch anmeldet, wo es bisher keine politische Bestätigung, sondern nur Organisation von oben gegeben hat: in der unmittelbaren Nachbarschaft, in den Problemkreisen Erziehung, Umwelt und Verkehr, in Fragen des Konsums und des Lärmschutzes.

Bürgerinitiativen sind – möglicherweise – auch Instrumente zur Entpolitisierung der Gesellschaft. Sie können Ausdruck einer Atomisierung von Staat und Gesellschaft sein, Mittel einer Zerschlagung aller Steuerungsinstrumente, die die repräsentative Demokratie entwickelt hat. Bürgerinitiativen können, wenn sie im bloßen Nein, in der bloßen Kirchturmperspektive, im bloßen Schutz etablierter Interessen steckenbleiben, politische Entscheidungen überhaupt erschweren oder verhindern. Sie wirken dann nicht politisierend, sondern privatisierend. Sie sind dann ein Instrument der Entpolitisierung.

Es wird oft behauptet, Bürgerinitiativen wirken dann politisierend, wenn sie mit Erfolgserlebnissen verbunden sind. Wenn der Bürger erfährt, daß seine Anstrengungen, die er ohne und teilweise gegen die etablierten Parteien und Verbände, ohne und teilweise gegen Verwaltung und Parlamente unternommen hat, trotz dieser relativen Schwäche erfolgreich sind, dann könnte er die Reste der Untertanenmentalität verlieren. Der Erfolg ihrer Initiativen könnte die Bürger verstärkt mit dem Bewußtsein ausstatten, daß sie – und niemand sonst – der Souverän in der Demokratie sind.

Diese These, daß das Erfolgserlebnis die unpolitische „Ohne-mich-Gesinnung" beseitigt, ist schon deshalb nicht einfach zu überprüfen und mit einem eindeutigen Ja oder Nein zu beantworten, weil in jedem Einzelfall fraglich ist, was denn den Erfolg einer Bürgerinitiative ausmacht. Denn eine Bürgerinitiative kann mit drei möglichen Ergebnissen enden:
– Die Bürgerinitiative setzt alle ihre Vorstellungen uneingeschränkt durch.
– Die Bürgerinitiative setzt Teile ihrer Vorstellung durch, in anderen Punkten bleibt sie erfolglos.
– Die Bürgerinitiative erzielt überhaupt keine Wirkung, sie ist ohne jeden Erfolg.

In der Praxis der Bürgerinitiativen werden die beiden Extremfälle einer vollständigen Erfolglosigkeit oder eines ebenso vollständigen Erfolges nur selten vorkommen. Die meisten Bürgerinitiativen enden mit Teilerfolgen und mit Teilniederlagen. Eben dieser Alltag der Bürgerinitiativen zwischen dem perfekten Weiß des Sieges und dem perfekten Schwarz der Niederlage läßt an der These Zweifel aufkommen, daß der Erfolg politisches Bewußtsein stärkt.

Daß der Alltag der Bürgerinitiativen durch die Grautöne des für jeden politischen Alltag typischen „Sowohl-Als-auch", des „Teils-Teils" bestimmt ist, wirkt eher entpolitisierend als die Eindeutigkeit eines vollständigen Erfolges oder vollständigen Mißerfolges. Denn Teilerfolge teilen die Betroffenheit der Initiatoren. Teilerfolge sind geeignet, den Druck der Initiative aufzusplittern.

Wenn zum Beispiel im Kampf gegen eine geplante, lärmerzeugende Durchzugsstraße die Rückverlegung der Straße um einige Meter erreicht wird, so ist das für einen Teil der betroffenen Bürger bereits ausreichend, für einen anderen Teil objektiv und subjektiv zuwenig. Wenn zum Beispiel Bürger für ihren Stadtteil einen neuen Kindergarten verlangen und sie erreichen, daß einer bestehenden, alten Schule ein Kindergarten angegliedert wird, so können das manche der betroffenen Eltern als ausreichenden Erfolg empfinden, andere wiederum als zu geringe, nicht wirklich befriedigende Auswirkung.

Die mangelnde Eindeutigkeit des Erfolges von Bürgerinitiativen ist geeignet, die Solidarität zu zerstören, die zwischen den Aktivisten besteht und die Voraussetzung für die Durchschlagskraft der Initiative ist. Dieser Zusammenhang ist den Entscheidungsträgern wohl bekannt. Deshalb neigen Verwaltungsorgane oder politische Parteien dazu, bestimmten Strömungen, bestimmten Teilinteressen einer Bürgerinitiative entgegenzukommen, um so die Initiative zu spalten. Aber eben diese Spaltung, dieser Verlust des einheitlichen Auftretens führt eher zu einem Rückzug ins Private. Wer, in seinen persönlichen Interessen zufriedengestellt, aus der einheitlichen Front der Aktivisten ausschert, demonstriert damit jedenfalls nicht eine verstärkte Politisierung, eine durch die Initiative bewirkte wesentliche Steigerung seines politischen Engagements.

Die Technik des Aufspaltens von Initiativen ist die bestgeeignete Abschirmung der Entscheidungsträger, die gegen den Druck einer Initiative sich zwar nicht vollständig immunisieren können, die aber im Regelfall nur im unumgänglichen Mindestmaß nachgeben wollen. Diese Technik des Spaltens ist eine Technik der Entpolitisierung, des Abbaus des in einer Bürgerinitiative angesammelten, politischen Druckpotentials.

Eine Untersuchung von Bürgerinitiativen im gesamten Gebiet der Bundesrepublik Deutschland und Berlins hat einen eindeutigen Bestimmungsfaktor für den Erfolg von Bürgerinitiativen herausgearbeitet: Bürgerinitiativen sind um so erfolgreicher, je intensiver die direkte, materielle Betroffenheit ist; je kurzfristiger und konkreter die Ziele der Initiative sind; je kleiner die politische Einheit ist, in der die Initiative abläuft (also am besten die lokale Ebene). Bürgerinitiativen haben um so geringere Erfolgsaussichten, je mehr sie sich mit allgemeinen, gesellschaftlichen und politischen Fragen befassen, je mehr sie über die direkte, materielle Betroffenheit zur „idealistischen" Zielsetzung vorstoßen (Oeser, S. 19).

Eben dieser Zusammenhang bestärkt die Skepsis gegenüber der oben formulierten These vom Kausalzusammenhang zwischen dem Erfolg einer Initiative und deren politisierender Auswirkung. Wer seinen Privatgarten vor Umweltverschmutzung erfolgreich abzuschirmen vermag, wer den Schulweg seiner Kinder besser zu sichern vermag, wer die Rindfleischpreise erfolgreich drücken kann – der ist immer versucht, mit diesem punktuellen Erfolg wiederum den Rückzug ins Privatleben anzutreten.

Die These vom Kausalzusammenhang zwischen Erfolgserlebnis und Politisierung muß mit einer Gegenthese konfrontiert werden, die einen Kausalzusammenhang zwischen Mißerfolgserlebnis und Politisierung behauptet. Diese Gegenthese setzt auf den politisierenden Effekt einer Ohnmachtserfahrung. Erst das Erlebnis, daß eine Aktivität von Bürgern, die sich auf das demokratische Selbstverständnis von Staat und Gesellschaft berufen, ohne Erfolg bleibt, erst die konkrete Erfahrung des Spannungsverhältnisses zwischen demokratischem Anspruch und teildemokratischer Wirklichkeit könnten den Sinn für politische Zusammenhänge schärfen und politisches Bewußtsein stärken.

Diese Gegenthese, die auch der von Hans-Eckehard Bahr herausgegebenen Analyse zugrunde liegt, überzeugt aber ebensowenig vollständig wie die erste These. Denn der vollständige Mißerfolg kann mindestens ebenso, wie er einen aktivierenden Zorn erzeugt, zur passiven Resignation führen. Wer trotz erheblicher persönlicher Anstrengungen die politischen Entscheidungsträger nicht aus ihrer distanzierten Ruhe aufzuschrecken vermag, kann zwar unter Umständen dadurch radikalisiert werden; er kann aber sich ebenso in die Privatheit des Untertanen zurückziehen, der sich mit der politischen Fremdbestimmung endgültig abgefunden hat.

Die vorhandenen Erhebungen über Bürgerinitiativen in den verschiedensten Staaten lassen jedenfalls keine eindeutige Auskunft darüber zu, ob die These oder ob die Antithese stimmt. Beide Thesen nehmen einen zu direkten, zu unmittelbaren Zusammenhang zwischen Bürgerinitiativen und Politisierung an. Dieser Zusammenhang muß, zumindest nach dem bisher vorliegenden Material über Ablauf und Erfolg und Spätfolgen von Bürgerinitiativen, sehr viel komplizierter, indirekter, differenzierter gesehen werden.

Bürgerinitiativen wirken nur ausnahmsweise aus sich selbst heraus politisierend. Nur ausnahmsweise werden Bürgerinitiativen die Bereitschaft zur politischen Aktivität, die Bereitschaft zu politischen Auseinandersetzungen über den jeweiligen, einzelnen Anlaßfall hinaus steigern können. Bürgerinitiativen vermögen jedoch in einer Art Umwegrentabilität politisches Bewußtsein zu stärken und politische Aktivität grundsätzlich anzuregen.

Dieser Umweg, auf dem das Ziel einer stärkeren Teilnahme des Bürgers an der Politik näherrückt, ist der Weg über die Entscheidungsträger des Repräsentativsystems. Bürgerinitiativen wirken in allen nichttotalitären Systemen in Richtung auf eine verstärkte Sensibilität. Die Entscheidungsträger, die – mit der erwähnten Ausnahme des Totalitarismus – druckempfindlich sind, reagieren in irgendeiner Form auf den von den Initiativen auf sie ausgeübten Druck. Parteien, Verbände, Parlamente, Verwaltungsorgane sind lernfähig, das heißt, sie versuchen, nach ihren bisherigen Erfahrungen einen zukünftigen Druck vorwegzunehmen. Die Entscheidungsträger, vom Druck der Bürgerinitiativen bedroht, wollen diesen Druck antizipieren. Eben in dieser Vorwegnahme des plebiszitären Drucks, eben in der Berücksichtigung von Bürgerinteressen vor deren organisatorischer Aktivierung sind die eigentlichen Auswirkungen der Bürgerinitiativen auf das politische System zu sehen.

Bürgerinitiativen sind keine Garantie für eine bessere, direktere Demokratie; sie sind eine Chance für eine Demokratisierung unserer unvollkommenen Demokratie. Ebenso sind Bürgerinitiativen keine Garantie für eine folgende Politisierung des Alltags, aus dem heraus die Initiativen entstehen. Aber Bürgerinitiativen sind eine Chance, im Zusammenspiel mit den sensiblen reagierenden Machtträgern politisches Bewußtsein zu stärken. Bürgerinitiativen sind ein Versprechen, daß das Tatsachenbild eines weitgehend unpolitischen, apathischen Bürgers, des Bourgeois, vom Wunschbild des politisch interessierten und aktiven Bürgers, des Citoyen, ersetzt wird. Bürgerinitiativen stellen diesen Wandel in Aussicht. Aber sie sind (noch) nicht mit diesem Wandel selbst gleichzusetzen.

6. Bürgerinitiativen zwischen Alibifunktion und Utopieverdacht

Bürgerinitiativen sind eine Erscheinungsform einer bestimmten Entwicklungsstufe von Politik und Demokratie. Sie bezeichnen die Lücke, die zwischen dem Demokratieversprechen und der Demokratiewirklichkeit klafft. Sie sind ein Versuch, diese Lücke zu verringern, sie teilweise zu überbrücken.

Bürgerinitiativen zeigen an, daß diejenigen, die sie betreiben, die Demokratie beim Wort nehmen. Sie wollen die Demokratie, von der sie in der Schule gehört haben, die in den Sonntagsreden der Politiker gepriesen wird, im Alltag nicht mehr vermissen. Mit den Bürgerinitiativen wird die ideale, die direkte Demokratie eingeklagt.

Dieses Modell der Bürgerinitiativen, abgeleitet vom Modell der Demokratie, ist in der politischen Wirklichkeit vielschichtig. Es ist insbesondere mit der Fragestellung nach der demokratischen Legitimität konfrontiert, mit der kritischen Frage, warum denn gerade die in einer Initiative organisierten Aktivisten die Richtschnur des politischen Handelns vorgeben sollen und warum nicht etwa andere Bürger.

Bürgerinitiativen sind heute ein unscharfer Überbegriff über eine Wirklichkeit, die ebenso vielfältig und widersprüchlich ist wie die Wirklichkeit, die hinter anderen, schon länger etablierten Begriffen der Politik steht – hinter dem Begriff Parteien, hinter dem Begriff Verbände, erst recht hinter dem Begriff Staat. Die Bürgerinitiative zur Verwirklichung der Menschenrechte in der ČSSR und die Bürgerinitiative gegen den Abbruch eines Häuserblocks haben miteinander soviel und sowenig gemeinsam wie die Kommunistische Partei der Sowjetunion, die Republikanische Partei Italiens und die Janata-Partei Indiens. Schon diese Vielfalt läßt eine eindeutige Verwerfung ebensowenig zu wie eine eindeutige Hoffnung.

Trotz dieser Vielfalt, trotz der notwendigen Vorsicht bei der Bewertung von Bürgerinitiativen können einige Schlußfolgerungen gezogen werden, die sich auf das gesamte Phänomen Bürgerinitiative beziehen:
– Bürgerinitiativen sind Ausdruck einer wachsenden Skepsis gegenüber den herrschenden Formen des Repräsentativsystems, insbesondere gegenüber dem Parteienstaat.
– Bürgerinitiativen sind Ausdruck einer wachsenden Skepsis gegenüber der Technokratie, gegenüber einer Einstellung, die von den „Fachleuten", von den „Experten" die Lösung gesellschaftlicher Konflikte erwartet.

Bürgerinitiativen richten sich nicht gegen den Parteienstaat. Sie versuchen ja vielmehr, die Parteien als Adressaten anzusprechen, um über diese Entscheidungsträger die eigenen Interessen durchsetzen zu können. Es gibt keine scharfe Frontstellung zwischen Bürgerinitiativen und Parteien.

Dennoch weist der Umstand, daß zunächst ohne Wissen und Willen der etablierten Parteien in den Industriestaaten Bürger sich spontan zusammenschließen, auf Defizite, auf Mängel im Parteienstaat. Die modernen Parteien haben sich aus den Klassen- und Weltanschauungsparteien des 19. Jahrhunderts zu breit aufgefächerten Allerweltsparteien entwickelt, zu Parteien, die im Kampf um Wählerstimmen nahezu alle vorhandenen Interessen vertreten wollen. Die modernen Großparteien sind so zu Organisationen geworden, die allen Bürgern alles sein wollen, die aber ebendeshalb in Gefahr laufen, im Konkreten, im Detailproblem zu versagen. Die Parteien schweben über den Niederungen des Alltags, über den Problemen, die der einzelne Bürger unmittelbar spürt. Eben weil die Parteien alle Bürger vertreten wollen, fühlen sich so viele Bürger durch diese Parteien nicht vertreten.

Der Parteienstaat hat seinen Scheitelpunkt wahrscheinlich schon überschritten. Die Parteien sind, angeschwollen und amorph, beliebig und verschwommen geworden. Unterhalb dieser Maschinen, die zur Gewinnung der jeweils nächsten Wahlen in Gang gehalten werden, hat sich bereits ein

Hohlraum gebildet. In diesem Hohlraum fehlt es an demokratischer Vertretung. In diesem Raum der konkreten, alltäglichen, nachbarschaftlichen Bedürfnisse greifen die Transmissionsriemen nicht mehr, die die Parteien eigentlich sein sollen. Um die Interessen in diesem Raum nach „oben", zu den Schaltstellen der Entscheidung, zu transportieren, müssen daher neue Einrichtungen entwickelt werden. Die Bürgerinitiativen sind diese neuen Einrichtungen.

Bürgerinitiativen zeigen auch das Ende jener naiven Wissenschaftsgläubigkeit an, die Politik in Sachlichkeit, politische Konflikte in Fachprobleme auflösen wollte. Die Technokratie, theoretisch schon längst überwunden, hat mit dem wachsenden Bewußtsein von der Energieknappheit, von der Umweltzerstörung, von der Sinnlosigkeit eines linearen Wirtschaftswachstum auch in einer breiten Öffentlichkeit jedes Ansehen verloren. Der Ruf nach Experten, der in der nachfaschistischen Ära den Ruf nach dem „starken Mann" abgelöst hat, ist ebenfalls abgelöst worden – vom Ruf nach der Selbstorganisation, nach der Selbstbestimmung, nach der Eigenverantwortlichkeit des Bürgers. Die Wissenschaft wird zunehmend in ihrer dienenden Funktion erkannt, ihre angemaßte Schiedsrichterrolle wird zunehmend als Ideologie entlarvt.

Diese Ablehnung der Technokratie ist die Folge, daß die Bürger von heute erleben, wie wenig die Prognosen der Wissenschaft stimmen; wie gering der Erfolg der politischen Mittel ist, die – mit Berufung auf ihre Wissenschaftlichkeit – politisch eingesetzt werden.

Die Skepsis gegenüber dem Parteienstaat und gegenüber der Technokratie drückt auch einen Protest gegen die Zentralisation der Gesellschaft aus. Der moderne Parteienstaat und die in den Verwaltungsstäben angesiedelten Experten haben immer mehr Entscheidungen nach „oben" gezogen. Bürgerinitiativen sind auch eine Gegenbewegung, eine Antwort auf diese Zentralisierungstendenzen. Betroffene Bürger nehmen Entscheidungen, die sehr weit von ihnen entfernt, über ihre Köpfe hinweg, aber sie direkt berührend getroffen werden, nicht mehr als unausweichlichen Schicksalsschlag oder als Sachnotwendigkeit hin. Bürgerinitiativen sind die Renaissance der direkten Demokratie wie auch der Kommunalpolitik, des widerspenstigen Bürgers und des eidgenössischen Denkens.

Bürgerinitiativen sind die Vorboten einer gewissen Verschweizerung der Demokratie. Die oft als mutig gepriesene, oft als starr verschriene Haltung des Durchschnittsbürgers der Schweiz wird durch Bürgerinitiativen weltweit exportiert. Der mißtrauische Eidgenosse, der immer wieder Vorschläge seiner Volksvertreter ablehnt, ist der Typus des Initiators von Bürgerinitiativen.

Die Demokratie der Schweiz kann keine eindimensionale, undifferenzierte Bewertung erhalten. Zu viele widersprüchliche Erscheinungsformen treffen hier aufeinander. Die Jahrzehnte andauernde, skurrile Weigerung der Eidgenossen, den Frauen das Stimmrecht zu geben, kann stellvertretend für die – demokratisch – negativen Folgen einer solchen politischen Ordnung stehen. Die immer wiederkehrende Weigerung der Schweizer, ihren Politikern Privilegien zu geben, die in den Nachbarstaaten selbstverständlich sind, ist ein Beispiel für die – demokratisch – positive Seite der Eidgenossenschaft.

Das Modell einer in Kantone aufgeteilten, durch zahlreiche Einrichtungen der direkten Demokratie aufgelockerten Ordnung kann ebensowenig mit „gut" oder „schlecht" bewertet werden wie die Bürgerinitiativen. Bürgerinitiativen sind nicht der demokratischen Weisheit letzter Schluß. Sie bringen nicht die perfekte Demokratie. Sie sind weder bloßes Alibi einer nur scheindemokratischen Gesellschaft noch die lange erwartete Verwirklichung der Utopie des Idelstaates.

Bürgerinitiativen sind ein Schritt weiter im Zuge einer Entwicklung, der die Demokratie unterliegt. Bürgerinitiativen lösen die bisher bekannten Formen der Demokratie und die bisher bekannten demokratischen Einrichtungen nicht ab. Sie bilden freilich eine nicht unwesentliche Ergänzung dieser Einrichtungen, sie sind eine nicht unwesentliche Erweiterung der Möglichkeiten demokratischer Mitbestimmung.

Das, was Bürgerinitiativen hervorbringen, ist immer nur das Resultat der Aktivität von Bürgern. Parteien sind demokratische Instrumente – ob und wie diese Instrumente genützt werden, hängt von den Wählern, den Mitgliedern und den Funktionären der Parteien ab. Bürgerinitiativen sind ebenso demokratische Instrumente – Art und Umfang und Ausrichtung ihrer Nutzung liegen in den Händen der Bürger.

Die Einrichtungen in der Demokratie sind für das Volk da, nur das konkrete Volk – Bürger und Wähler, Aktivisten und Gleichgültige – bestimmen Ziel und Inhalt.

Literatur

Abschnitt 1

Bahr, Hans-Eckehard (Hrsg.): Politisierung des Alltags – gesellschaftliche Bedingungen des Friedens, (Luchterhand) Darmstadt 1972

Bermbach, Udo: Bürgerinitiativen – Instrumente direkter Demokratie?, in: Österreichische Zeitschrift für Politikwissenschaft, 1974

Beyme, Klaus von: Interessengruppen in der Demokratie, (Piper) München 1969

Borsdorf-Ruhl, Barbara: Bürgerinitiativen im Ruhrgebiet, Schriftenreihe Siedlungsverband Ruhrkohlenbezirk, Band 35, Essen 1973

Dittberner, Jürgen: Bürgerinitiativen als partielles Partizipationsbegehren, in: Zeitschrift für Parlamentsfragen, 1973

Duverger, Maurice: Die politischen Parteien, (Mohr) Tübingen 1959

Ebert, Theodor: Gewaltfreier Aufstand. Alternativen zum Bürgerkrieg, (Rombach) Freiburg 1968

Ebert, Theodor: Von den Bürgerinitiativen zur Ökologiebewegung. Vorgänge, Zeitschrift für Gesellschaftspolitik, 3/1977

Ellwein, Thomas: Politische Verhaltenslehre, (Kohlhammer) Stuttgart ^{6}1968

Grossmann, Heinz (Hrsg.): Bürgerinitiativen – Schritte zur Veränderung?, (Fischer) Frankfurt 1971

Kodolitsch, Paul von: Gemeindverwaltungen und Bürgerinitiativen. Ergebnisse einer Umfrage, Archiv für Kommunalwissenschaften, 1975

Künzli, Arnold: Partizipation – letzte Chance der Demokratie. Vorgänge, Zeitschrift für Gesellschaftspolitik, 3/1977

Lipset, Seymour Martin: Soziologie der Demokratie, (Luchterhand) Neuwied 1962

Maier-Tasch, Cornelius: Die Bürgerinitiativbewegung, (Rowohlt) Reinbek 1976

Narr, Wolf-Dieter und Naschold, Frieder: Theorie der Demokratie, (Kohlhammer) Stuttgart 1971

Offe, Claus: Strukturprobleme des kapitalistischen Staates, (Suhrkamp) Frankfurt 1972

Olives, José: The struggle against urban renewal in the „Cité d' Aliarte" (Paris), in: Urban Sociology. Critical Essays, ed. by C. G. Pickvance, Tavistock Publications, Methuen, London 1976

Pelinka, Anton: Politik und moderne Demokratie. Scriptor, Kronberg 1976

Riese, Hans-Peter (Hrsg.): Bürgerinitiative für die Menschenrechte. Die tschechoslowakische Opposition zwischen dem „Prager Frühling" und der „Charta 77", (Europäische Verlagsanstalt) Köln 1977

Vilmar, Fritz: Strategien der Demokratisierung, 2 Bände, (Luchterhand) Darmstadt 1973

Yates, Douglas: Neighborhood Democracy. The Politics and Impacts of Decentralization, Lexington Books, Lexington, 1973

Abschnitt 2

Bachrach, Peter and Baratz, Morton S.: Power and Poverty. Theory and Practice, (Oxford University Press) London 1970
Borsdorf-Ruhl, Barbara: Bürgerinitiativen im Ruhrgebiet, Schriftenreihe Siedlungsverband Ruhrkohlenbezirk, Band 35, Essen 1973
Doormann, Lottemi: Schulreform durch Elterninitiative? Aktionen, Entwicklungen, Perspektiven. Vorgänge, Zeitschrift für Gesellschaftspolitik, 3/1977
Duverger, Maurice: Die politischen Parteien, (Mohr) Tübingen 1959
Galtung, Johan: Bürgeraktionen und internationale Probleme, in: Konfliktorientierte Gemeinwesenarbeit. Niederlagen und Modelle, hrsg. von Hans-Eckehard Bahr und Reimer Gronemeyer, (Luchterhand) Darmstadt 1974
Gladitz, Nina (Hrsg.): Lieber aktiv als radioaktiv. Wyhler Bauern erzählen, (Klaus Wagenbach) Berlin 1976
Gronemeyer, Reimer: Leerstellen der Konfliktsoziologie. Zum konfliktorientierten Bezugsrahmen für Gemeinwesenarbeit, in: Konfliktorientierte Gemeinwesenarbeit, a. a. O.
Grossmann, Heinz (Hrsg.): Bürgerinitiativen – Schritte zur Veränderung?, (Fischer) Frankfurt 1971
Höbel, Brigitte und Seibert, Ulrich: Bürgerinitiativen und Gemeinwesenarbeit, (Juventa) München 1973
Knirsch, Hanspeter und Nickolmann, Friedhelm: Die Chance der Bürgerinitiative. Ein Handbuch, (Peter Hammer) Wuppertal 1976
Marcuse, Herbert: Dezentralisierung und kommunale Aktivität, in: Politisierung des Alltags – gesellschaftliche Bedingungen des Friedens, hrsg. von Hans-Eckehard Bahr, (Luchterhand) Darmstadt 1972
Noack, Hans-Joachim: Eine Bürgerinitiative gegen die Zerstörung des Frankfurter Westends, in: Bürger initiativ, hrsg. von Sebastian Haffner, (Deutsche Verlags-Anstalt) Stuttgart 1974
Riese, Hans-Peter (Hrsg.): Bürgerinitiative für die Menschenrechte. Die tschechoslowakische Opposition zwischen dem ,,Prager Frühling" und der ,,Charta 77", (Europäische Verlagsanstalt) Köln 1977
Yates, Douglas: Neighborhood Democracy. The Politics and Impacts od Decentralization, (Lexington Books) Lexington 1973

Abschnitt 3

Bachrach, Peter: Die Theorie demokratischer Elitenherrschaft. Eine kritische Analyse, (Europäische Verlagsanstalt) Frankfurt 1970
Bahr, Hans-Eckehard (Hrsg.): Politisierung des Alltags – gesellschaftliche Bedingungen des Friedens, (Luchterhand) Darmstadt 1972

Bahr, Hans-Eckehard und Gronemeyer, Reimer (Hrsg.): Konfliktorientierte Gemeinwesenarbeit. Niederlagen und Modelle, (Luchterhand) Darmstadt 1974

Drulovic, Milojko: Arbeiterselbstverwaltung auf dem Prüfstand. Erfahrungen in Jugoslawien, (J. H. W. Dietz Nachfolger) Berlin 1976

Easton, David: A Framework for Political Analysis, (Prentice Hall) Englewood Cliffs 1965

Ebert, Theodor: Bürgerinitiativen und gewaltfreie Konfliktaustragung. Gewaltfreie Aktion, Vierteljahreshefte für Frieden und Gerechtigkeit, 26/27

Frey, Rainer (Hrsg.): Kommunale Demokratie. Beiträge für die Praxis der kommunalen Selbstverwaltung, (Verlag Neue Gesellschaft) Bonn 1976

Hallman, Howard W.: Neighborhood Government in a Metropolitan Setting, Sage Publications, Beverly Hills 1974

Kevenhörster, Paul: Das Rätesystem als Instrument zur Kontrolle politischer und wirtschaftlicher Macht, (Westdeutscher Verlag) Opladen 1974

Oertzen, Peter von: Freiheitlich demokratische Grundordnung und Rätesystem, in: Theorie und Praxis der direkten Demokratie, hrsg. von Udo Bermbach, (Westdeutscher Verlag) Opladen 1973

Schwendter, Rolf: Modelle zur Radikaldemokratie, (Jugenddienst Verlag) Wuppertal 1970

Abschnitt 4

Armbruster, Bernt und Leisner, Rainer: Bürgerbeteiligung in der Bundesrepublik, (Otto Schwartz) Göttingen 1975

Benedict, Hans-Jürgen: Solidarität mit der Dritten Welt? Chancen und Probleme entwicklungspolitischer Friedensarbeit. Gewaltfreie Aktion, Vierteljahreshefte für Frieden und Gerechtigkeit, 24/25

Borsdorf-Ruhl, Barbara: Bürgerinitiativen im Ruhrgebiet, Schriftenreihe Siedlungsverband Ruhrkohlenbezirk, Band 35, Essen 1973

Bosshard, Robert: In impertinenter Regelmäßigkeit. Spuren der Herrschaft im Ruhrgebiet, in: Konfliktorientierte Gemeinwesenarbeit. Niederlagen und Modelle, hrsg. von Hans-Eckehard Bahr und Reimer Gronemeyer, (Luchterhand) Darmstadt 1974

Clark, Terry N.: Community Structure and Decision Making. Comparative Analysis, (Chandler) Scranton 1968

Ebert, Theodor: Bürgerinitiativen und gewaltfreie Konfliktaustragung. Gewaltfreie Aktion, Vierteljahreshefte für Frieden und Gerechtigkeit, 26/27

Ellwein, Thomas; Lippert, Ekkehart und Zoll, Ralf: Politische Beteiligung in der Bundesrepublik Deutschland, (Otto Schwartz) Göttingen 1975

Fehlau, Klaus-Peter und Neddens, Martin: Bürgerinformationen im politischen Willensbildungsprozeß, (Otto Schwartz,) Göttingen 1975

Grauhan, Rolf-Richard und Linder, Wolf: Politik der Verstädterung, (Athenäum Fischer) Frankfurt 1974

Kevenhörster, Paul (Hrsg.): Lokale Politik und exekutive Führerschaft, Sozialwissenschaftliche Studien zur Stadt- und Regionalpolitik, Band 1, (Anton Hain) Meisenheim 1977

Offe, Claus: Strukturprobleme des kapitalistischen Staates, (Suhrkamp) Frankfurt 1972

Polsby, Nelson W.: Community Power and Political Theory, (Yale University Press) New Haven [10]1974

Rausch, Heinz und Stammen, Theo (Hrsg.): Aspekte und Probleme der Kommunalpolitik, (Eugen Vögel) München 1974

Reese, Jürgen: Widerstand und Wandel der politischen Organisation. Darstellung und Analyse eines Programmkonfliktes in der Münchner Stadtplanung, (Frommann – Holzboog) Stuttgart 1976

Abschnitt 5

Bahr, Hans-Eckehard (Hrsg.): Politisierung des Alltags – gesellschaftliche Bedingungen des Friedens, (Luchterhand) Darmstadt 1972

Gronemeyer, Reimer: Integration durch Partizipation? Arbeitsplatz/Wohnbereich: Fallstudien, (Fischer) Frankfurt 1973

Heinz, Walter R. und Schöber, Peter (Hrsg.): Theorien kollektiven Verhaltens, Beiträge zur Analyse sozialer Protestaktionen und Bewegungen, 2 Bände, (Luchterhand) Darmstadt 1972

Oeser, Kurt: Progressive und reaktionäre Bürgerinitiativen, in: Bürger initiativ, hrsg. von Sebastian Haffner, (Deutsche Verlags-Anstalt) Stuttgart 1974

Lucas, J. R.: Democracy and Participation, (Penguin) Harmondsworth 1976

Rote Hilfe West-Berlin: Staatsgewalt, Reformismus und die Politik der Linken, Kursbuch 31/1973

Abschnitt 6

Duverger, Maurice: Party Politics and Pressure Groups. A Comparative Introduction, (Nelson) London 1972

Lenk, Kurt und Neumann, Franz (Hrsg.): Theorie und Soziologie der politischen Parteien, (Luchterhand) Neuwied 1968

Pelinka, Anton: Dynamische Demokratie. Zur konkreten Utopie gesellschaftlicher Gleichheit, (Kohlhammer) Stuttgart 1974

Steiner, Jürg (Hrsg.): Das politische System der Schweiz, (Piper) München 1971

Zimpel, Gisela: Selbstbestimmung oder Akklamation? Politische Teilnahme in der bürgerlichen Demokratietheorie, (Ferdinand Enke) Stuttgart 1972